中村孝明 著
Takaaki Nakamura

実務に役立つ
地震リスクマネジメント入門

丸善出版

序　文

　わが国では，死者・行方不明者が10人以上の被害が生じた地震は，1974～2012年までの38年間で12回，約3.2年に1回起きている計算になります．このようにかなり高い頻度ですが，地震はいつ，どこで起きるかはわかりません．このため，多くの企業は差し迫った危機とは認識できず，防災対策の判断ができないまま先延ばし，あるいは対処療法的な対応にとどまっているのが実態ではないでしょうか．また，防災対策にお金をかけて損害を減らすことはできますが，利益を生むことはありません．これも防災対策に積極的な企業が少ない所以といえます．

　しかし，一度大地震が発生すると建物や製造設備の被害のみならず，人的被害や長期の事業停止，信頼の喪失，資金不足など，企業活動に深刻な影響を与えます．このため，どの規模の地震にどの程度の備えをすればよいか，どのような対策が経済的かなど，企業は難しい判断を迫られます．このような難しい問題に対し合理的な判断基準を提供するのが，地震リスクマネジメントです．

　地震リスクマネジメントは，地震による被害をしっかりと予想し，財物損失額（復旧のための費用），事業停止期間，逸失利益（地震が起きなければ得られたはずの利益）など，いわゆる企業総体としての地震リスクを推計し，どこに問題があるのか，何が致命的な被害を及ぼす元になるのか，事業停止が長期化する原因は何か，といったことを特定します．そして，対策によるリスク低減効果と対策に必要な費用を見比べ，地震対策の実施判断を行います．地震リスクマネジメントは企業の経営リスクの管理という観点から，防災対策の意思決定支援を行う体系化された実践技術です．

　これまでの地震リスクマネジメント，あるいは地震防災に関する書籍の多くは，

大学の学部学生や大学院生の教科書，あるいは防災に関わる技術者などいわゆる専門家を対象としたものでした．一方で，地震リスクマネジメントを本当に必要としている人たちは，地震の脅威と直接対峙し，地震に対する備えを体現する企業の経営者や防災を担う責任者などです．本書はこのような人たちを対象に，地震リスクマネジメントの有効性や必要性を広く知ってもらい，国民の利益・福祉のより所である経済活動を守り，次世代に継承することを目的に著したものです．

　本書の内容は，第1章で，リスクをどう捉え，どのように付き合うか，リスクに対する望ましい態度を理解します．第2章は，地震や津波の危険度をどのように解釈すべきか，科学的な視点で解説し，あわせてリスクの表記方法についても解説します．第3章では，地震リスクの計算方法や弱点の見つけ方など，主にリスク定量化手法を数式を使わずわかりやすく説明します．近年，地震防災を検討するうえで，事業継続計画，いわゆるBCP（Business Continuity Planning）を導入する企業が増えています．第4章では，地震リスクマネジメントとBCPの違いをあきらかにし，地震リスクマネジメントの特徴を浮き彫りにします．第5章で，財務影響分析を使った防災目標の設定方法を解説し，第6章では，地震リスク低減の観点から，防災目標を満たす対策の選び方や意思決定方法を事例を交えて紹介します．第7章は，広域災害から人やビジネスを守るには，企業は何をして，国や地方行政は何をすべきか，それぞれはどのように協力すればよいか，といった具体的な方法を提案します．

　首都直下地震や東海東南海・南海連動地震など，わが国の経済に甚大な影響を及ぼすであろう地震の発生が懸念されていますが，地震を経済発展の足枷とさせないためにも，地震リスクマネジメントの普及は急務と考えています．本書が，企業の災害に対する対応力の向上とともに，わが国経済の持続的発展に貢献できることを願っています．

2013年7月

中村　孝明

目 次

第1章 リスクをどう捉え，どう付き合うか　1

1.1　リスクの視点と顕在化　1
1.2　リスクはグレーゾーンの計量化　3
1.3　リスクは頻度と損害の大きさで計る　4
1.4　地震はまったくの負け戦　5
1.5　地震リスクマネジメントは負けを減らす工夫　7
1.6　地震リスク診断から意思決定支援へ　9
1.7　地震リスクマネジメントの方法　10
1.8　耐震診断と地震リスク診断の違い　12
1.9　進む建築資産の地震リスク診断　13

第2章 地震危険度とリスクの表記方法　17

2.1　地震との遭遇確率を正しく理解する　17
2.2　地震波はどのように伝搬し増幅するか　19
2.3　地震ハザード曲線の見方　20
2.4　シナリオ地震による地震危険度　22
2.5　散在施設の危険度をみるイベントリスクカーブ　24
2.6　金融対策に必要なリスクカーブ　28
2.7　地震の発生確率を計算する2つの方法　29
2.8　津波ハザードマップの見方　31
2.9　津波の特徴と津波シミュレーション　33

第3章 弱点を見つける地震リスク診断　37

- 3.1 2つのリスク定量化手法　37
- 3.2 さまざまな被害を網羅し，想定外を設けない　40
- 3.3 リスクの推計とその見方　42
- 3.4 巨大施設のリスク診断　43
- 3.5 被害の可能性を確率で計量　45
- 3.6 被害確率を求める関数とは　47
- 3.7 復旧曲線で復旧過程を可視化　50
- 3.8 弱点を見つけるボトルネック指標　52
- 3.9 生産工程の復旧順位がわかる復旧曲線　53
- 3.10 地震リスク診断，その他のメリット　55

第4章 事業継続計画と地震リスクマネジメント　57

- 4.1 BCPの発祥と経緯　57
- 4.2 BCPは結果事象型，地震リスクマネジメントは原因事象型　59
- 4.3 現状把握から見たBCPと地震リスクマネジメント　60
- 4.4 被害想定から見たBCPと地震リスクマネジメント　61
- 4.5 防災・減災対策から見たBCPと地震リスクマネジメント　63
- 4.6 対策の種類によるリスク低減効果　65
- 4.7 BCPと地震リスクマネジメントのハイブリッド　66
- 4.8 企業のレジリエンシと事業継続　69

第5章 財務影響分析と防災目標　71

- 5.1 防災目標は具体的に決める　71
- 5.2 財務から見た地震被害　73
- 5.3 財務影響分析の手順　74
- 5.4 財務諸表から業績指標をみる　76
- 5.5 財務影響分析の具体例　77
- 5.6 業績指標を悪化させる要因　81

5.7　ストレステストによる防災目標　82
5.8　外部要因によって決まる防災目標　85
5.9　防災目標は一貫性と継続性を　85
5.10　防災目標は従業員の命を守る　86
5.11　防災目標は周辺住民の安全を守る　87

第6章　地震対策と意思決定　89

6.1　地震発生確率の認知バイアス　89
6.2　対策は相対的優位でみる　90
6.3　相対的優位の比較方法　91
6.4　ライフサイクルコストでみる地震対策の優越　94
6.5　被害要因別のリスクの内訳　96
6.6　弱点の探し方，優先順位の決め方　97
6.7　見てわかる弱点と対策　100
6.8　危険物の漏洩対策　101
6.9　火災・延焼対策　102
6.10　地震保険の賢い利用法　104
6.11　金融市場を使った金融対策　106
6.12　借入予約をする金融対策　108
6.13　工場の緊急停止基準の設定方法　110
6.14　過去の被害事例にこだわる危険な側面　112
6.15　安心を求める市民への安全説明　113

第7章　地震から人，ビジネスを守る，そのためには　115

7.1　仕組み総体としての安全をみる　115
7.2　設計規格の統一化の動きと信頼性設計　117
7.3　信頼性設計と地震リスク診断　118
7.4　地震リスクをもち寄る情報プラットフォーム　118
7.5　地震リスク診断のすすめ　120
7.6　インフラ施設の耐震化の財源　122

7.7　広域災害からビジネスを守る　123
7.8　今，必要な技術者の意識改革　124

索　引　127

1 リスクをどう捉え，どう付き合うか

　人は「リスクがある」というだけで，積極的な行動や前向きな判断を押さえ込む傾向があります．一方で，リスクをとらなければ富や便益を得られない事実があり，リスクを過大視することで，チャンスを逃す弊害も認識しなければなりません．また，リスクを過小に評価し，十分な対策を怠ったために，悲惨な状況を繰り返す実態もあります．このようにリスクに対する認識のずれは，人々が生活するうえで誤った対応や危険な行為の原因となっています．リスクを正しく認識，把握するとともに，積極的に管理する姿勢をもつことが必要です．

　本章では，リスクをどのように捉え，認識すべきか，地震リスクマネジメントの概要を説明しリスクを積極的に管理する姿勢を理解します．

1.1 リスクの視点と顕在化

　リスクは損失を生じる可能性の大きさと解釈することもあれば，事故や災害などの危険事象そのものを示す場合もあります．人や立場，分野，事象によって捉え方は異なっています．

　社会心理学の分野では，事故や災害などの危険事象そのものを示す言葉として用いられ，とくに人の情緒的な反応と危険事象としてのリスクの関係を計量的に論じることで，リスクに対する人々の社会的行動を説明しています．厚生経済学あるいは環境経済学などでは，個人レベルでは選択できないような不都合な事態を対象に，それが生じる可能性の大きさをリスクと捉えています．これは確率や頻度などで表現される場合が多く，1人あたり，1万人あたり，あるいは国全体としてなど，リスク事象に応じて換算する単位が異なっています．金融の分野で

は，当初目論んだ収益から乖離する大きさとして，分散や標準偏差をリスクの尺度として捉えています．

工学分野では，自然災害，事故や火災，環境問題など損害を伴う事象を対象に，事象の発生確率と損害との積と定義しています．損害は金銭価値で表す場合もあれば，影響度合いを表す指標を使う場合もあります．この定義に従えば，よく起き，損害や影響が大きいほどリスクは大きいと解釈できます．

このように，分野によって解釈や定義が異なるのは，対象とする危険事象そのものが異なることも理由ですが，リスクをみる視点が異なることも理由の1つです．一方で，分野横断的にリスクを捉えると，それは「リスクは将来における不確かな損失あるいは不利益」と説明することができます．そして，視点によって損害の種類や大きさ，不利益の度合いが異なり，分野独自の解釈となって進化したと考えることができます．

さて，置かれている立場，視点によって，損失の種類や不利益の度合いが異なる実態を掘り下げてみましょう．例として企業の倒産を考えてみます．従業員は失業というリスクを負うことになりますが，経営者は従業員や資金提供者などへの債務の弁済義務があります．企業に出資した資金提供者は投資した資金を失うリスクがあります．このように，倒産というリスク事象は1つであっても，関係者の置かれている立場，視点によってリスクの大きさや種類は異なります．また，リスクを回避あるいは減らそうとすれば，倒産しないような対策をとることはいうまでもありませんが，それぞれの立場で対策を考えてみると，それぞれ違っていることに気づきます．従業員は失業保険という対策があります．資金提供者はさまざまな金融資産への分散投資という対策があります．経営者は自己資本を高める，在庫を減らす，歳出を減らすなどの財務，経営面での対策が考えられます．このように倒産というリスク事象を直接コントロールできるのは経営者ですが，置かれている立場によって，対策の方法（できること，できないこと）も変わってくることになります．

リスクを回避，軽減しようと考える場合，まず，だれのためか，どのような種類の不利益かを整理することが必要です．これをリスクの顕在化とよびます．そして，損害の及ぶ範囲はどこまでを対象とするか，といった事前の枠組みも重要になります．この枠組みと顕在化がしっかりしていないと，リスク回避，軽減は

うまくいきません.

1.2 リスクはグレーゾーンの計量化

　私たちのまわりには，さまざまなリスク事象が存在します．たとえば，住宅火災，自動車事故，疾病，地震や台風との遭遇，さらに投資債権のデフォルト，わが家の資産価値の下落，会社の倒産など，枚挙にいとまがありません．これらは，どれも将来の出来事ですから，確実に起きる，起きないとはいいきれません．つまり，起きる，起きない，安全，危険といったように白黒はっきりできるものではなく，その間には必ずグレーゾーンが存在します．図1.1は，安全－危険，起きる－起きない，建物が壊れる－壊れないなどの間に存在するグレーゾーンを概念的に示したものです．実は，このグレーゾーンの存在がリスクを表しています．逆にグレーゾーンがないと，安全か，危険か，どちらか一方が確実に起きることになります．将来の出来事であるにも関わらず，「これは安全です」「壊れません」などと断言できるでしょうか．問題なのは，断言したことでそこに安全神話ができてしまい，それ以上の安全を追求しなくなることです．グレーゾーンは，安全を追求する機会を与える重要な役割を担っています．

　リスクは，「将来における不確かな損失あるいは不利益」と説明できますが，損失や不利益が生じることがあらかじめわかっている場合，それはリスクとはいえません．お金が出ていく事柄であれば，それは予定の支出ということになります．リスクはそこに「不確か」という修飾語が付くことになります．そして，この「不確か」こそが，グレーゾーンの源泉になります.

　リスクマネジメントは，安全に絶対はないというところから出発し，図1.1の白い部分を目指す行為になります．やみくもに追い求めるのではなく，さまざま

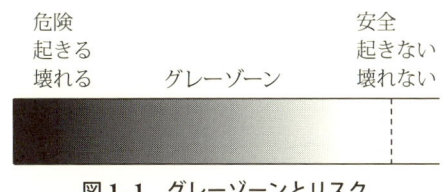

図1.1　グレーゾーンとリスク

なステークホルダーの間で目標を共有し，対策による効果を確認しつつ，進めていく必要があります．そのためには，グレーゾーンの定量化，つまりリスクを数値で計ることが不可欠になります．リスクマネジメントを成功させるには，リスク事象に関わるステークホルダーが，グレーゾーンの存在を共通の認識としてもつこと，そして科学的根拠に基づき，可能な限りリスクを計量すること，この2点が重要になります．

1.3　リスクは頻度と損害の大きさで計る

　地震災害はまれに起きて大きな損害を与える，いわゆる低頻度重大事象になります．住宅火災も，個人の視点では低頻度重大事象ですが，視点を変えて全国規模で住宅火災を捉えると，どこかでほぼ毎日発生する頻度の高い事象になります．図1.2は，高い頻度で発生するリスク事象と低頻度で発生するリスク事象の発生の様子を時間軸上で概念的に示した図です．横軸には時間をとり，縦軸には損害額をとっています．高い頻度で発生するリスクは，時間軸で見ると，損害は比較的均質に発生します．これを分散リスクとよびます．一方，地震災害のようにまれに大きな損害が発生するリスクを集積リスクとよびます．分散リスクの対象は，総体で見れば毎年同じ頻度で発生するとみなすことができ，リスクの性質上，保険の対象となりやすいことになります．一方の集積リスクは，起きる時期の予測が難しく，また起きた場合の損害額を予想することも難しくなります．つまり，不確実性が大きく，また一度に大きな損害となるため，保険の対象としては必ずしも適していません．正確にいうと，適していないのではなく，保険会社から見て，あまり引き受けたくないリスクになります．住宅の火災保険料に比べ地震保

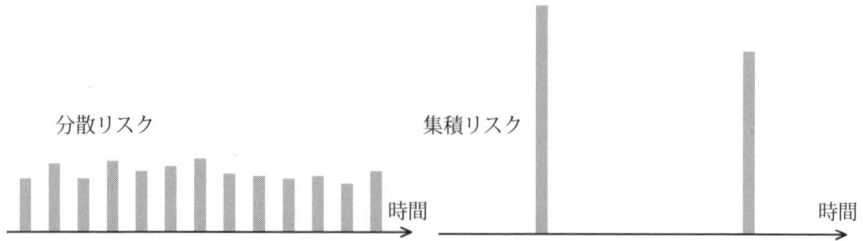

図1.2　集積リスクと分散リスクの概念

険料が高いのは，このような不確実性が高いことと損害の時間的集中に起因しています．ただし，世界規模で捉えれば，集積リスクも分散リスクに変えることができます．世界規模で見れば，年に数回程度は発生する比較的よく起きる事象になるからです．この手のリスクをヘッジするには，再保険市場に広く分散させ，より大きな保険市場で担保することが有効になります．

さて，個人にとっては，交通事故や疾病，火災，盗難といった，いわゆる分散リスクに分類される事象をより身近な災害として受け止めています．これは保険などによるリスクヘッジが，半ば常識的に行われていることからも理解できます．一方で，地震保険を利用している人は比較的少ないのが実状です．これは保険料の割高感もありますが，意識無意識に関わらず，災害との遭遇頻度を認識し，頻度の大きさから対策の実施判断をしているからです．一方，火災を除いた交通事故，疾病，盗難では，家屋や家族を一時期に失うことはほとんどありません．ところが，地震では，家屋や家族，さらに地域社会などを同時に失う可能性があります．結果の重大さは交通事故や疾病などの，いわゆる分散リスクの比ではありません．発生頻度だけでものを考えるのではなく，結果の重大さもあわせて考えることが重要になります．

分散リスクならびに集積リスクは，損失の発生頻度を時間軸上で捉えたリスクの概念です．ただし，リスクを捉える範囲，つまり時間と空間の範囲によって変化することに注意しなければなりません．

1.4　地震はまったくの負け戦

企業が抱えるリスクは，純粋リスクと変動リスクに分けることができます．純粋リスクは，損害だけが発生し，利得にはつながらない事象を意味しています．つまりまったくの負け戦といえます．一方の変動リスクは，利益を得ることもあれば，損失を被ることもある，つまり，良い悪いが変動を伴って現れるリスクです．もちろん，リスクの対象は悪い方にぶれたときです．表 1.1 に，企業の純粋リスクと変動リスクの主なものを列記しました．表は，外生要因と内生要因で分かれていますが，これはリスクの主な原因が企業の内部で発生するか，外部で発生するかの違いを示しています．

表 1.1 企業が抱える変動リスクと純粋リスク

		外生要因	内生要因
変動リスク	原料費・資材費の変動	○	
	為替・金利の変動	○	
	貿易制限・緩和	○	
	マクロ経済の変動	○	
	製品の売上変動		○
純粋リスク	火災，爆発，事故，危険物漏洩		○
	盗難，情報システム障害	○	○
	風水害，雪害，凍害	○	
	地震，津波，火山	○	
	サプライチェーンの不稼働	○	
	製品の瑕疵保証，リコール		○
	特許・著作権侵害	○	○
	環境汚染		○
	従業員の不正行為		○
	労働争議，集団離職		○
	個人情報漏洩		○
	関連法規違反		○
	戦争，内乱，テロ	○	

　変動リスクは，比較的よく起きる事柄でもあり，対策を実施した場合，その効果を早期に観測することができます．このため，学習による経験則的な判断がなじむリスク事象といえます．一方，純粋リスクの多くは，まれにしか起きない事象であることに気付きます．また，起きた際には大きな損害となる可能性をもつため，純粋リスクの多くは低頻度重大事象に分類されます．そのため経験から学習することが難しく，経験的判断がうまくいかないリスク事象になります．つまり，有識者や専門家などからの助言が必要になるわけです．

　図 1.3 に示すものはリスクマップとよばれるもので，純粋リスクを対象に，横軸に 1 年あたりの頻度，縦軸に起きた際の損害額をとり，リスク事象ごとにプロットしたものです．この図は，損害の大きさとその頻度をにらみつつ，優先的に対処すべきリスク事象と，そうでないリスク事象を定性的に捉えるためのものです．たとえば，損害額にしきい値を設け，しきい値以上の損害が生じるリスク事象を

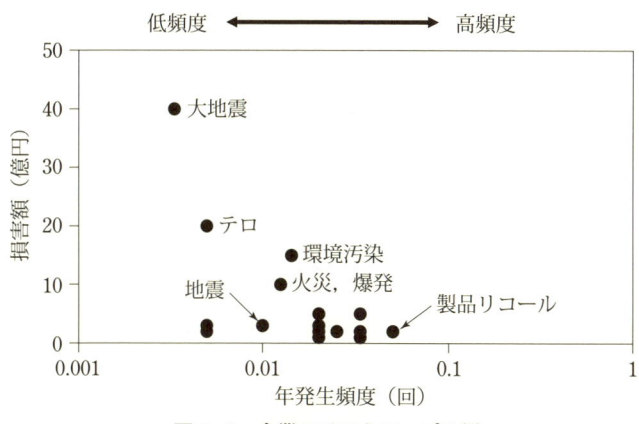

図1.3 企業のリスクマップの例

優先的に検討する，また損害額と頻度の双方でしきい値を設けることもあります．いずれにせよ，さまざまなリスク事象を俯瞰的に比較できるので，リスク管理の方向性や大方針を決定するのに役立ちます．

なお，図の右上は，よく起き，大きな損害を伴う事象の領域になります．この部分は高頻度重大事象といえますが，このようなリスク事象は，当たり前のこととして十分管理されつくしているので，プロットはありません．

1.5 地震リスクマネジメントは負けを減らす工夫

企業は，変動リスクと純粋リスクを負いつつ，これらを効率的に管理していかなければなりません．一方で，企業には株主や債権者，顧客や従業員，さらに周辺住民への配慮や環境への負荷など，さまざまなステークホルダーが存在します．このため，だれの視点，どのような観点に立つかによって，リスク管理の方針や判断も異なってきます．経営者やリスク管理の責任者は，さまざまなステークホルダーとの利害関係を認識し，どのような立ち位置で，どこまでなら受容できるかをあきらかにすることが必要です．これはリスク管理の方針や目標の明確化にほかなりません．

地震の発生はまれで，いつ起きるかもわかりません．また，純粋リスクなので，どれほど防災投資を行っても，損害を減らすことはできますが利益を生むことは

ありません．防災投資に積極的な企業が少ない所以といえますが，一度大地震が発生すると建物や製造設備の被害のみならず，長期の事業停止，人命や社会的信頼の喪失，資金不足など，企業活動に深刻な影響を与えます．このため，どこまでの地震に，どの程度の備えをすればよいか，どのような対策が経済的かなど，企業は難しい判断を迫られます．このような厄介な問題に合理的な判断基準を示し，あわせて負けを減らす工夫を提供してくれるのが，地震リスクマネジメント（Seismic Risk Management, 以下SRM）です．SRMの視点は，あくまでも地震リスクを直接コントロールできる立場にある，経営者やリスク管理の責任者，各種団体の責任者などです．SRMでは，このような人たちを主体者とよんでいます．そして，主体者がどのような利害関係者の立場を優先するか，また利害関係者がリスクに対してどの程度の受容度をもっているか，これによってリスクマネジメントの方針や目標は違ってきます．

これまでにも，思考的な考察や経験的な知識に基づき，リスクマネジメントは行なわれてきました．しかしながら近年は，これまでの経験則的な判断から，科学的な方法を取り入れた，より合理的な判断が時代の要請となってきています．つまり，科学的な根拠を前提とした定量的な情報による判断が必要になってきたわけです．その背景には，1つの意思決定がさまざまな人々の利害に複雑に影響する組織化された時代にあり，ステークホルダーへの説明責任が極めて重要になってきたからです．

リスクをコントロールできる立場の人，つまり主体者は，ステークホルダーの利益を考え，自らの責任においてリスクを管理する態度をもつことが必要です．このように，科学的根拠に基づいた，合理的な意思決定を支援するのが地震リスクマネジメントです．また，意思決定を支援するという行為の前提として，主体者の積極的な関わりが重要であることはいうまでもありません．そのためには，主体者が理解できる，判断できる，そしてステークホルダーに説明できる，といった「3つのできる」が必要になります．リスクマネジメントがうまく機能するには，「3つのできる」を容易にする，情報のわかりやすさが大変重要になります．

1.6 地震リスク診断から意思決定支援へ

SRM は，経営リスクの管理という観点から，企業総体としての地震リスクを科学的に推計し，効率的な地震防災対策の意思決定支援を行う，体系化された実践技術です．1995 年に提案されました．

図 1.4 は SRM の大枠の流れを示したものです．SRM は「地震リスク診断」と「意思決定支援」の 2 部構成になっています．

最初に，工場や施設の立地点での地震危険度，津波危険度を分析します．この分析は，立地点にどのような大きさの地震動が，どの程度の頻度で来襲するのか，そのとき津波は来るのかなどを科学的に分析する作業です．その際，当該施設に被害を与えるであろう複数のシナリオ地震を特定し，その地震による揺れの大きさ（震度，加速度，速度など），津波の来襲高さなどを計算します．シナリオ地震は，震源位置や規模を特定した，いわゆる想定地震です．シナリオ地震のベースとなるのはマルチイベントモデルとよばれる方法ですが，これは第 2 章で詳しく説明します．

次に，シナリオ地震が起きた場合を想定し，地震による財物損失額（復旧のための費用），事業停止期間，逸失利益（地震が起きなければ得られたはずの利益）など，いわゆる企業総体としての地震リスクを計算します．計算の過程で，「どこに問題があるか」，「致命的な被害の種は」，「事業停止が長期化する原因はどこにあるか」など，弱点を特定できる情報とあわせて評価します．ここまでの作業が地震リスク診断です．診断方法は第 3 章で説明します．

現実的でリスク低減に効果的な対策を提案し，対策を施したと仮定してリスクを再計算します．現状のまま何もしないリスクと比較することで，その効果を確認します．対策はいくつかの代替案を提示し，あわせて必要な費用も概算します．そして，代替案の中から費用効率の高い対策を選択します．対策の意思決定方法は第 6 章で説明します．

一方，財物損失額や逸失利益など，発災後の資金不足が憂慮される場合，運営資金の枯渇，債務の不履行などの可能性を考えなければなりません．そこで，発災時の期末に現金あるいは現金同等物がどれほど不足するのか，どの程度の資金

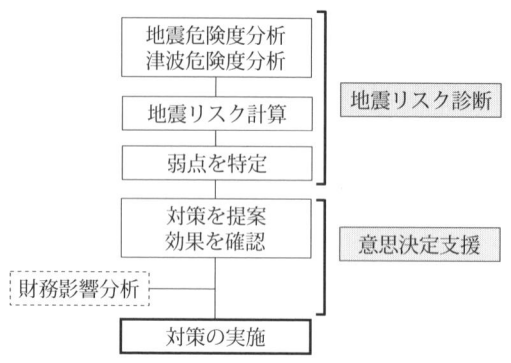

図 1.4 地震リスクマネジメントの大枠

調達を考えておかなければならないかなどを把握するために，財務影響分析が実装されています．財務影響分析は，地震保険やこれに代わる金融対策を具体的に実施するには不可欠となります．また，財務影響分析をうまく活用し，防災目標を定める方法もあります．財務影響分析は，SRM の中で重要なオプションと位置づけています．この点については第 5 章で詳しく説明します．

近年，地震防災を検討するうえで，事業継続計画（Business Continuity Planning，以下 BCP）を導入する企業が増えています．これを受け，「SRM と BCP とはどこが違うのか」といった質問を受ける機会が増えています．第 4 章では，BCP と SRM の違いをわかりやすく説明し，SRM の特徴を浮き彫りにします．

1.7 地震リスクマネジメントの方法

SRM の考え方を理解するために，例題として A 棟と B 棟の 2 つの建物を所有し，事業を行っている企業を想定します．それぞれの建物は，あるシナリオ地震が発生すると，図 1.5 に示すように A 棟は 0.6 の確率で被災し，B 棟は 0.4 の確率で被災するとします．A 棟の方が確率は大きいので，A 棟の方が弱い建物であることがわかります．

A 棟，B 棟ともに，被災すると復旧にはそれぞれ 30 日を要し，その費用は 2 億円かかるとします．この 2 億円は財物損失額に相当します．また，A 棟が営業

1.7 地震リスクマネジメントの方法   11

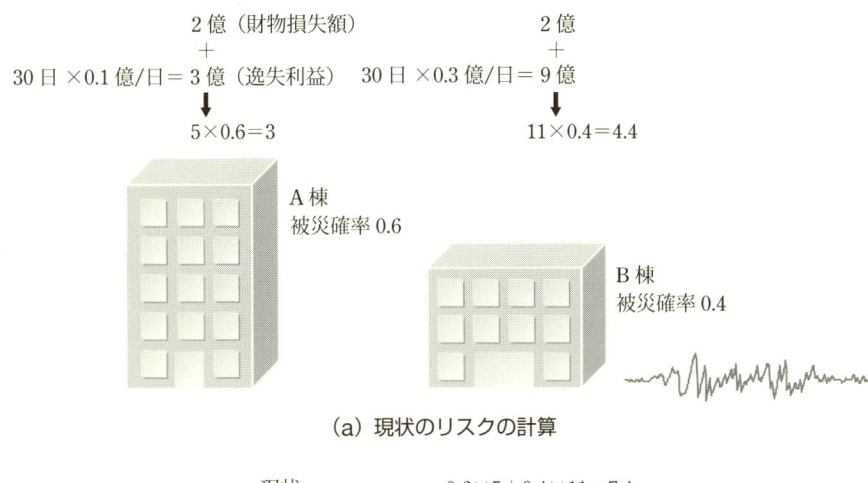

(a) 現状のリスクの計算

- 現状　　　　　　　　0.6×5＋0.4×11＝7.4
- A補強　　　　　　　0.2×5＋0.4×11＝5.4
- B補強　　　　　　　0.6×5＋0.2×11＝5.2
- A補強と機能分散　　　0.2×8＋0.4× 8＝4.8

(b) 対策の効果をリスクで比較

図1.5　SRMの方法の概説

活動をできないと1日あたり0.1億円の逸失利益となり，B棟が営業活動をできないと1日あたり0.3億円の逸失利益となります．ここまでの情報がそろったところで，リスクを計算します．まず，A棟の損害額は，建物を修復するための2億円と，30日間営業できないことによる逸失利益3億円となり，計5億円の直接損失額が見込まれます．同じように，B棟の直接損失額を計算すると計11億円になります．A棟と比較して大きい理由は，B棟の1日あたりの営業利益がA棟のそれの3倍だからです．そして，A棟の被災の確率0.6に，被災した際の損害額5億円を乗じると，リスクが計算でき，この場合3億円となります．同様にB棟は4.4億円となります．合計7.4億円が，シナリオ地震によるこの企業のリスクとなります．

次に，対策を検討するわけですが，まず対策案としてA棟を補強する案，B棟を補強する案を考えます．補強により，A棟が被災する確率は0.6から0.2に改善され，B棟も同じく0.2に改善されます．合計7.4億円であったリスクは，A棟を補強することで5.4億円に，B棟を補強することで5.2億円に低下します．

A 棟の方が弱い建物であるにも関わらず，B 棟を補強する方がリスク低減効果は高いことがわかります．この理由は，営業利益が B 棟に偏っているからです．そこで，元々 A 棟が弱いので A 棟を補強し，さらに B 棟に偏っている事業活動を一部 A 棟に移します．つまり，偏っている機能を均等に分散するわけです．リスクを再計算すると，リスクは 4.8 億円に低下し，リスク低減効果は 2.6 億円（＝ 7.4 − 4.8）となります．このように，リスクを減らすことを目標に対策を検討することによって，より効果的な対策を見出すことができるようになります．SRM は，経営リスクの管理という観点から，判断の規範を示し，あわせて対策の意思決定支援を行います．

例題では，企業のリスクを計算する際，A 棟と B 棟それぞれの被災確率，復旧日数，復旧費用，そして 1 日あたりの売上などの情報が必要になりました．1 日あたりの売上については，主体者に聞かなければなりませんが，被災確率や復旧日数は，来襲する地震動の大きさを含め，科学的に計算されるものです．復旧費用についても，被害の状態を想定したうえで見積もらなければなりません．このような作業は，訓練された技術者の知識や知見が必要になります．

1.8 耐震診断と地震リスク診断の違い

古い基準で造られた建物を，現行の基準に照らして検討すると，現行の基準を満たさない建物があります．これを既存不適格とよびます．この不適格な建物の耐震改修を促すため，耐震改修促進法（平成 7 年施行，平成 18 年改正施行）が施行されました．これは，多くの人々が利用する大型の建物，危険物を保管する建物，倒壊時に道路を封鎖するような建物など，いわゆる特定建築物について，所有者に対し耐震診断・耐震改修の努力義務を負わせる法律になります．耐震診断では，Is 値と称する耐震指標を使います．この値が 0.6 以上であれば適格，以下では不適格となり，不適格の場合は「耐震改修を必要とする」という判断を下すことになります．ただし，この Is 値には空調，衛生，電気といった各種設備，内外装などの耐震性能は含まれていません．建物の構造体だけが対象です．

さて，建物所有者は Is 値の意味を理解しないまま，しきい値である 0.6 を超えるか超えないか，といった画一的な情報だけで耐震改修の判断をしなければなり

ません．それでは「0.59 ではだめなのか」，「0.61 で十分なのか」といった疑問をもたれる方もたくさんいると思います．ここで 2 つの課題を指摘できます．

　ひとつは，建物所有者が直感的に理解でき，自主的に判断できるような情報になっていないということです．建物所有者が知りたいのは，迫りつつある首都直下地震，あるいは東海地震が起きたとき，この付近はどの程度の揺れが生じ，設備や内外装を含め，建物はどのような状態になり，全体として，どの程度の金銭的損害が生じるかです．このような情報が示されて初めて，耐震改修の必要性を実感できることになります．

　もうひとつは，グレーゾーンがないということです．つまり，Is 値が 0.6 以上であれば「安全である」，「これで大丈夫」と理解し，それ以上の安全を追求する努力をしなくなります．グレーゾーンが存在する真意を知ってもらう工夫が必要になります．

　ここで事例を紹介しましょう．この工場は，工場建屋の耐震診断を行い，Is 値がしきい値を下回っていることから耐震補強を実施しました．しかし，製造設備などの耐震化には注意を払ってこなかったため，製造設備の効率的な耐震化を目的に地震リスク診断を実施しました．その結果，弱点となる製造設備や吊設備などが判明したわけですが，加えて，補強したはずの建屋も対策が必要であることがわかりました．倒壊の可能性は極めて低く，補強の効果はあったのですが，軽微な被害の可能性は必ずしも低くなく，工場の事業停止に少なからず影響することがわかったわけです．工場総体としてのリスクをみると，耐震診断に基づいた補強は，必ずしも十分ではなかったことになります．

1.9　進む建築資産の地震リスク診断

　不動産投資に係る諸法（不動産特定共同事業法 1995 年，資産の流動化に関する法律 2000 年，投資信託法の改正 2000 年）の整備を受け，2000 年頃より不動産の証券化が普及しました．証券化では，投資口としての妥当性を投資家に説明するため，不動産の状況，法的な問題，経済的な問題などの調査レポートが必要になります．不動産の状況調査はエンジニアリングレポートとよばれ，建築技術者が主体的に行う調査です．この中に地震リスクを診断する項目があります．こ

れは，建物の価値が地震によってどの程度毀損するかを金銭価値として示すもので，これを予想最大損失（Probable Maximum Loss, 以下 PML）とよんでいます．PML には，建物の構造体のみならず，空調や衛生，電気設備，さらに内外装などの損失額も含まれます．つまり，建物総体としての地震損失を表します．難解な Is 値に比べ，金銭価値として示されるため，わかりやすく，また，不動産開発に関わる利害関係者の間で情報を共有でき，耐震性能に関する議論ができるようになりました．PML が受け入れられた背景には，わかりやすさと情報の共有化，さらに建物総体としての耐震性の評価にあったといえます．一方で，諸法や各種設計基準にとらわれず，便利な仕組みや利用性の高い情報を「良し」とする市場の柔軟性を指摘することができます．

　もうひとつ興味深いことがあります．それは，PML 値に法規制や基準値などは存在しませんが，一般的には PML 値 15％（建物価値の 15％）をしきい値と見ていることです．この値を超えると不動産を原資とした証券の格付け低下につながるのが主な理由です．このしきい値は，市場が試行錯誤の末に決めたものですが，これまでの耐震設計の歴史の中で，市場が決めた耐震基準などあったでしょうか．これは，わかりやすく判断できる情報を発信すれば，それが高度な専門技術を背景とした情報であっても市場は緻密な判断を下す好例といえます．

　地震リスクマネジメントは，経営者や防災担当者の積極的な判断を手助けすることが目的です．そのため，たとえ高度な技術情報であっても意思決定者が理解できる言葉や尺度で示さない限り，その情報は情報としての役目を果たすことはできません．非専門家であっても，情報の意味するところがわかり，共通の土俵で安全に関する対話ができる材料を提供しなければなりません．技術者の都合で提案された耐震指標 Is 値と PML を比較すると，非専門家の意思決定を促進するための情報はどうあるべきか，答えが見えてくると思います．

　ここで，PML を規範とした建物の設計例を紹介しましょう．PML が普及したことにより，施工主は融資を受けたり，資産を売却したり，あるいは証券化するなど，さまざまな場面で PML が利用される実態を認識するようになりました．このため，計画・設計段階から「PML は何％以下になるように」と要求する施工主が出てきました．つまり，設計契約書に PML 値の上限が加えられたわけです．そこで，設計会社は基本設計の段階から PML 値が一定値以下に収まるよう，リ

スク評価や地震リスク診断を専門とする会社と協同して，設計作業を進めるようになりました．具体的には，設計の諸段階でPML評価を行い，その都度耐力増強について協議するわけです．ケースによっては,非構造材（内外装や建築設備）の耐震性能についても言及することがあります．

PML値を目標とした設計の利点は，基本設計段階からPMLを評価する中立的な第三者の目が入ること，構造体のみならず各種の設備，内外装などを含めた建物総体としての安全性を検証できること，また施工主は地震に対する安全性を自身のもつ尺度，つまり金銭価値で確認できることなどがあります．近年，リスクを規範とした設計は確実に増えています．

2 地震危険度とリスクの表記方法

　ある製造業の方から,「この近くには活断層があるので,この地域の地震危険度は高いと思いますよ」といった話を聞いたことがあります.間違いではありませんが,正しいとはいいきれません.どれほど大きい活断層であっても,発生頻度が低ければその脅威は低いと考えられるからです.また,日本には活断層としては現れていないものの,どこでも起きる可能性のある地震源は数多くあります.地震危険度は,さまざまな地震とその発生頻度をあわせて見ていかなければなりません.

　ここでは,地震危険度の見方や地震リスク診断に使われるシナリオ地震,リスクの表記方法などについて解説します.また,津波の特性や津波ハザードマップの利用上の注意点についても紹介します.

2.1 地震との遭遇確率を正しく理解する

　大きい小さいは別としても,日本人の多くは,地震と遭遇した経験をもっています.しかし,被害を伴うような大地震に遭遇した人は必ずしも多くいるわけではありません.私も震度5強以上は経験したことがありません.これは,小さな地震はよく起き,大きな地震はまれにしか起きない,といっただれもが知っている経験的事実に基づいているわけですが,東京や大阪といった場所,あるいは関東地域や東海地域といった地域をどう設定するかによって,地震と遭遇する可能性は大きく違ってきます.たとえば,日本という広域で見てみると,被害を伴う地震はかなりの頻度で起きていることがわかります.表2.1を見てください.これは1974〜2012年までの38年間で,死者・行方不明者10人以上の被害を出し

表 2.1　国内で発生した死者行方不明者 10 人以上の地震（1974〜2012 年）

地　震　名	発生年	マグニチュード
伊豆半島沖地震	1974	6.9
伊豆大島近海地震	1978	7.0
宮城県沖地震	1978	7.4
日本海中部地震	1983	7.7
長野県西部地震	1984	6.8
北海道南西沖地震	1993	7.8
北海道東方沖地震	1994	8.2
兵庫県南部地震（阪神淡路大震災）	1995	7.3
新潟県中越地震	2004	6.8
新潟県中越沖地震	2007	6.8
岩手宮城内陸地震	2008	7.2
東北地方太平洋沖地震（東日本大震災）	2011	9.0

た地震を列記したものです．38 年間で 12 回起きているので，約 3.2 年に 1 回起きている計算になります．かなり高い頻度で発生していることがわかります．ちなみに，確率でみると，向こう 1 年間では 27％になります．

　被害を伴うような大地震を経験した人が少ないのは，広域災害とはいえ，特定の地域で発生する災害になるからです．このことは，対象とする空間を広くとると，地震と遭遇する確率は比例的に大きくなることを意味しています．また，対象とする時間を長くとっても，同じように大きくなります．上記の例では，5 年間では 80％，10 年間では 96％，30 年間ではなんと 99.99％になります．

　このように，地震の発生確率は，地震の大きさ（マグニチュード），対象とする場所（あるいは地域），そして時間，これら 3 つを特定しないと決められない，ということになります．地震の発生確率が示されたとき，どこで，いつ，どの程度の大きさの地震，この 3 つを確認し，確率の前提をしっかり把握することが重要です．そうでないと，過大あるいは過小に認識し，情報発信者の意図が正しく伝わらないことがあるからです．

2.2 地震波はどのように伝搬し増幅するか

　私たちが感じる地震の揺れは，主に図2.1に示すような伝搬過程を経て来襲します．まず，地震断層で発生した波は，硬い岩盤の中を伝搬し，建物の真下にある工学的基盤面に到達します．この工学的基盤面は，硬い地層と軟らかい地層を工学的に分類した境目です．そして，工学的基盤面に到達した波は，表層の軟らかい地盤で増幅され，建物に作用することになります．表層の軟らかい地盤は，数十メートル程の深さがあり，増幅が大きい地盤は一般に軟らかく，増幅が小さい地盤は硬い地盤といえます．軟らかい地盤は，平野部の河川流域，河口付近，三角州など，いわゆる堆積物が積りやすい地域に分布し，さらに埋立地も軟らかい地盤に分類されます．また，硬い地盤は，山間域や台地などに見られます．たとえば，東京以西にある武蔵野台地，多摩丘陵などが，比較的硬い地盤とされています．

　表層地盤の増幅効果は，工学的基盤面に到達した波を倍加させる効果があります．このため，軟らかい地盤の上に高層建物や重要な施設を造る場合，基礎を掘り下げ，建物を工学的基盤面で直接支えるように設計することがあります．この場合，工学的基盤面に到達した地震波は，建物に直接作用するので，表層の増幅効果は考える必要がなくなります．一方で，基礎を掘り下げる工事は費用がかさむため，杭で代替することもよくあります．この場合，杭は建物の重さを支える

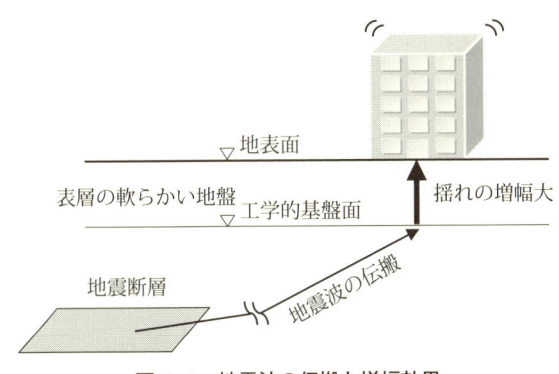

図2.1　地震波の伝搬と増幅効果

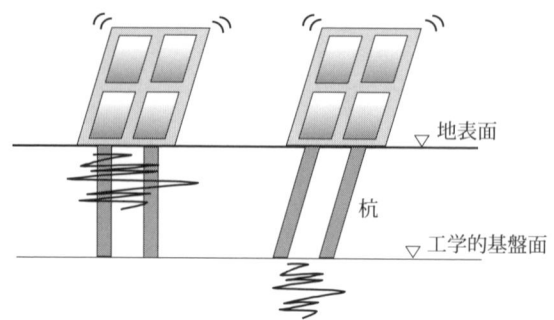

図 2.2　表層地盤の増幅効果と建物の揺れとを一体化した概念図

だけで，軟らかい地盤の増幅はそのまま建物に伝わると考えます．したがって表層地盤による地震波の増幅効果は考えなければなりません．

　表層地盤の種類は場所によってさまざまで，増幅効果もいろいろです．一方で，費用はかさむものの人工的に管理（基礎を掘り下げるなどして）できる対象でもあります．このため，地震リスク診断では，表層地盤の増幅効果と建物の揺れをあたかも1つの構造体のように扱います．図 2.2 を見てください．図の左は，地表面に建つ建物に地震波が直接作用している様子を示していますが，実際は右の図のように，杭を含め表層地盤の揺れに合わせるように建物は振動します．

2.3　地震ハザード曲線の見方

　地震危険度の定義は，「ある地点で，将来発生するであろう揺れの大きさと，その揺れが発生する頻度や確率を表現したもの」となります．ここで，揺れの大きさは地表面ではなく，先ほど出てきた工学的基盤面での値を使います．すでに説明したように，表層地盤の増幅効果と建物の揺れを一体として扱うわけですから，地震危険度を一律に比較するには工学的基盤面の方が都合がよいわけです．

　図 2.3 は地震危険度を表した，地震ハザード曲線とよばれるグラフの例で，場所は大阪です．なお，図の横軸は，地震の揺れの大きさを表す加速度ですが，地表面ではなく，工学的基盤面での値なので注意してください．図 2.3 a の縦軸は，1 年間でその加速度を超えるような揺れが来襲する確率（年超過確率）を表しています．たとえば，向こう1年間で 300 cm/sec^2 以上の揺れが起きる確率は，図

2.3 地震ハザード曲線の見方   21

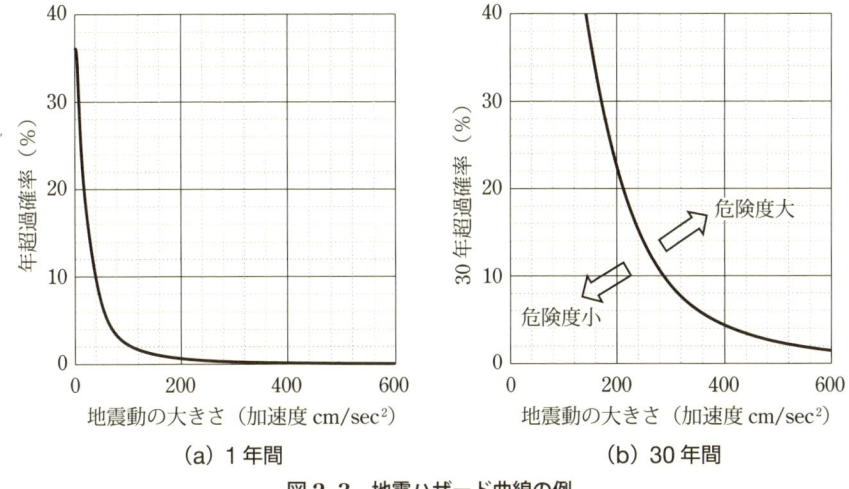

(a) 1 年間　　　　　　　　(b) 30 年間
図 2.3　地震ハザード曲線の例

からは判読できませんがおよそ 0.3％となっています．しかし，確率が小さいため，この値を実感として受けとめることは難しいと思います．そこで，1 年間を向こう 30 年間に変えたものを図 2.3 b に示します．縦軸は 30 年の間で，その加速度を超えるような揺れが来襲する確率（30 年超過確率）を表しています．今度は，300 cm/sec² 以上の揺れが起きる確率は，およそ 10％と読めます．この大きさの確率だと，たとえば「被害を伴うような地震の可能性は大きくないが，起きないとはいいきれないので，備えはしっかりやっておこう」，あるいは「地震は 90％の可能性で起きないのだから，今すぐ準備をする必要はない」など，人によって確率の捉え方や解釈は異なりますが，ある程度の判断はできます．10％という確率は，私たちの生活の中で十分認識できる大きさの確率といえます．向こう 30 年間に発生する地震の確率をよく耳にしますが，時間を長期にとることで，一般的に認識できるような確率に置き換えているわけです．また，供用期間が 30 年の施設があったとします．この施設の地震危険度を見る場合にも，図 2.3 b は便利です．

　ちなみに東海地震の発生確率は，向こう 30 年間で 87.7％の高い値が公開されていますが，向こう 1 年間（2012 年 11 月から 1 年間）では 6.2％程度になります．この程度の確率だと差し迫った危機とは認識できない人もいるのではないでしょ

うか.

なお,地震動 300 cm/sec² は工学的基盤面での値であり,私たちの生活の場である地表面での地震動は,表層地盤の増幅効果により,これより大きくなる(特殊な状況では小さくなることもある)ことに注意しなければなりません.

2.4 シナリオ地震による地震危険度

地震ハザード曲線は,前節の定義にもあるように「ある地点で」ということになります.つまり,特定の一地点での危険度を表したもので,2か所以上の危険度を1つの曲線で表現することはできません.ところが,全国各地に複数の施設を所有し,事業活動を行っている企業もあります.この場合,自社で所有する施設全体としての地震危険度を知りたいと考えるのは自然なことです.しかし,そもそも地震危険度は,地点を特定しないと求められないものですから,散在する施設全体の危険度は求められません.そこで,施設全体の危険度合いとして,地震リスクを見ていくことになります.

まず,被害をもたらすであろうシナリオ地震を全国規模で特定します.具体

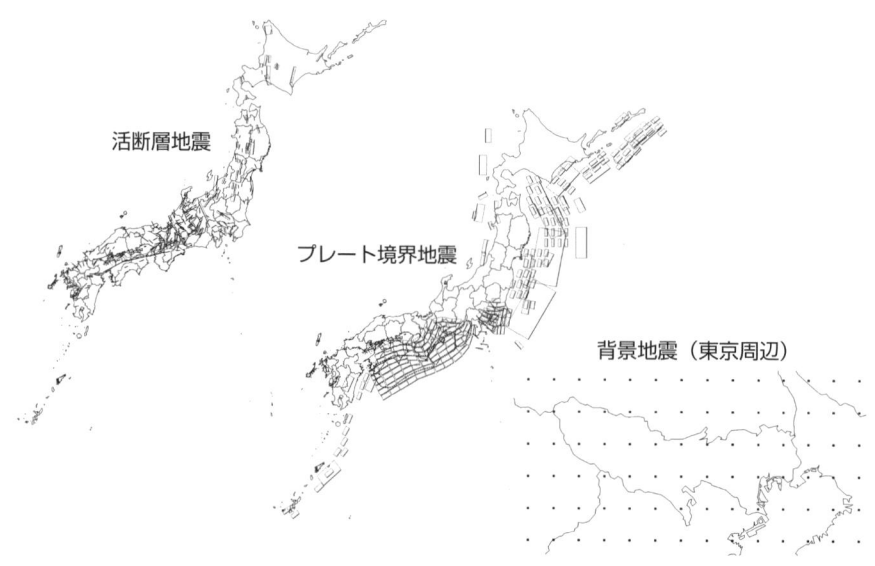

図 2.4　マルチイベントモデルの地震源

2.4 シナリオ地震による地震危険度

には図2.4に示すように，活断層地震やプレート境界で発生する地震を設定し，それぞれの断層位置，マグニチュード，発生確率を特定します．さらに活断層として現れない陸域（一部海域も含まれる）で発生する地殻内地震を設定します．この地殻内地震を背景地震とよび，図のように網の目状に地震源を分布させ，それぞれの断層位置，マグニチュード，発生確率を特定します．図の点は震源の代表点を表しています．これらシナリオ地震群を総称してマルチイベントモデルとよびます．マルチイベントモデルは，背景地震を特定の震源としてモデル化するところに特徴があります．

マルチイベントモデルによる地震危険度を分析した例を図2.5に示します．これは図2.3と同じ大阪のものです．図2.5 aが1年間，図2.5 bが30年間です．計算方法は，ある地点（観測点）を特定し，その周辺で発生するであろうシナリオ地震を選び出します．それら地震による観測点での揺れの大きさ（たとえば加速度）を計算し，この平均値を横軸にとります．縦軸には，それぞれの地震の発生確率を累積したものをとります．図の読み方は図2.3の地震ハザード曲線とほぼ同じですが，違いは，強い揺れを引き起こす地震を特定できることです．たとえば，上町断層（マグニチュード7.5）が動くと520 cm/sec^{2}の加速度，東海・東南海・南海連動地震（マグニチュード8.6）が起きると182 cm/sec^{2}の加速度

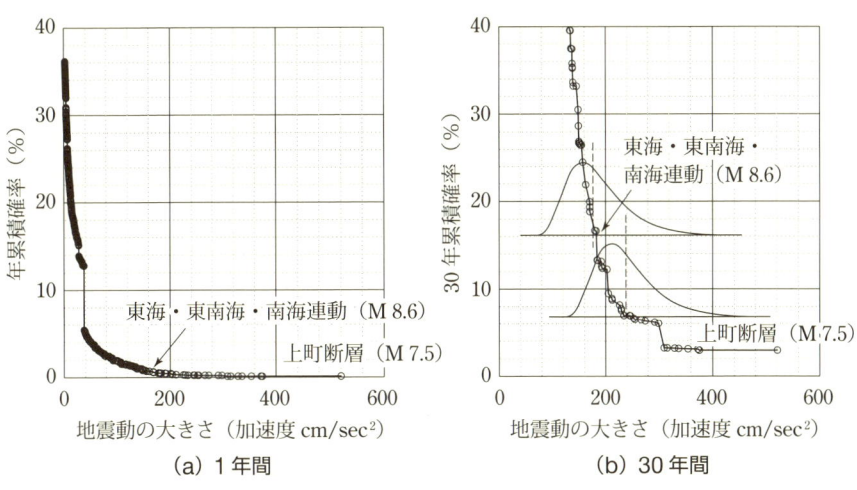

(a) 1 年間　　　　　　　　　　(b) 30 年間

図 2.5　マルチイベントモデルによる地震ハザードの例

の揺れが襲ってくることなどがわかります．ただし，その規模の揺れが必ず襲ってくるのではなく，もっと大きい揺れ，あるいは小さい揺れかもしれないといったように，ある程度の幅，つまり確率分布していると考えます．図2.5bに示した分布がこれに相当します．そして，この分布を順次積分し，滑らかな曲線に置き換えたものが，図2.3に示した地震ハザード曲線です．

一方，地震リスク診断が普及しつつある今日，地震危険度は地震ハザード曲線より，マルチイベントモデルを使った方法が増えています．理由は，揺れを引き起こす地震を特定できることと，各地に散在する施設全体としての地震リスクを計算できるからです．この点は次の2.5節で解説します．

2.5　散在施設の危険度をみるイベントリスクカーブ

地震を特定することによって，複数の地点に散在する施設に作用する揺れの大きさを計算することができます．図2.6は東海・東南海・南海連動地震（マグニチュード8.6）による地表面での地震動の分布状況を示したものです．地震動は

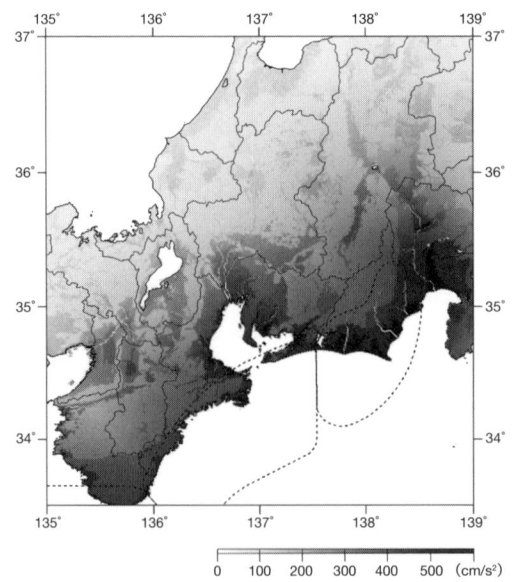

図2.6　東海・東南海・南海連動地震（マグニチュード8.6）による加速度分布

加速度で示しています．この図から，あるシナリオ地震が起きたとき，施設が所在する各地点での地震動の大きさ（加速度など）がわかります．地震動の大きさから各施設の損害額，つまりリスクを計算します．損害額は足すことができるので，各施設の損害額を総和することで，各地に散在する施設全体のリスクを求めることができます．これが，散在する施設総体としての地震の危険度合いを表す情報になります．さらに，施設の再調達価格で損害額を割り，損害率を計算します．損害率で表すと，たとえば全国各地に複数の施設を所有する企業でも，また1か所に施設がある企業でも，さらに大企業でも中小企業でも，一律に比較できるからです．

表2.2は，大阪に所在する施設の財物損失額を，マルチイベントモデルで計算した結果を表にまとめたものです．損害額が大きい順に上位20番まで示しています．表には，震源名，マグニチュード，30年発生確率，損害率の平均値を示しています．30年発生確率と損害率については，地震毎の比較が容易にできるよう，棒グラフを追記しています．緯度経度で表された震源名は，背景地震の代表点になります．この表を，シナリオ地震によるリスクリストとよびます．リスクリストには，損害率に加え，事業停止期間の平均値や津波浸水高さ，各種ライフラインの停止期間なども加えることがあります．

表から，上町断層を震源とした地震の発生確率が高く，また損害率も大きいことから，大阪に所在するこの施設は，上町断層を震源とした地震がもっとも危険な地震，いわゆる要注意地震であることがわかります．一方，生駒断層帯や六甲・淡路断層帯を震源とした地震は，損害額はそこそこですが，発生確率が低いことから，要注意地震とは必ずしもいえません．

リスクリストは，地震の発生頻度やその地震が発生した際の施設総体としての地震リスクを比較できるので，注意すべき地震はどれか，どの程度の損害になるかなどを把握できます．地震対策の必要性を検討する道標のようなものです．

次に，表に示された損害率を横軸にとり，縦軸に地震の発生確率を累積したものをプロットします．この図をイベントリスクカーブとよび，図2.7に示します．

イベントリスクカーブからも，企業にとってもっとも損害をもたらす地震は上町断層で発生するマグニチュード7.5の地震であることがわかります．その損害率は0.44，100億円の施設では44億円の損害となります．かなり大きい損害額

表 2.2 シナリオ地震によるリスクリストの例

No.	震源名	地震の大きさ	加速度 cm/sec²	30年発生確率	30年発生確率グラフ	損害率	損害率グラフ
1	上町断層帯	M7.5	519.8	2.917%	2.917%	0.444	0.444
2	生駒断層帯	M7.5	374.9	0.002%		0.169	
3	六甲・淡路断層帯	M7.9	372.5	0.135%		0.165	
4	(135.50, 34.70)	M7.0	354.5	0.036%		0.136	
5	(135.70, 34.70)	M7.0	337.2	0.036%		0.111	
6	(135.50, 34.50)	M7.0	329.8	0.036%		0.101	
7	(135.70, 34.50)	M7.0	316.0	0.036%		0.083	
8	有馬–高槻断層帯	M7.5	310.1	0.005%		0.076	
9	中央構造線	M7.7	299.6	2.918%	2.918%	0.064	
10	(135.50, 34.70)	M6.5	292.3	0.152%		0.057	
11	(135.70, 34.70)	M6.5	274.3	0.152%		0.041	
12	(135.50, 34.50)	M6.5	266.8	0.152%		0.035	
13	(135.30, 34.70)	M7.0	254.9	0.036%		0.027	
14	(135.70, 34.50)	M6.5	252.8	0.152%		0.026	
15	京阪奈丘撓携曲帯	M7.1	246.8	0.300%		0.023	
16	(135.30, 34.50)	M7.0	245.2	0.036%		0.022	
17	大阪湾断層帯	M7.5	234.3	0.004%		0.016	
18	(135.50, 34.70)	M6.0	229.5	0.632%		0.014	
19	(135.50, 34.90)	M7.0	229.2	0.226%		0.014	
20	羽曳野断層帯	M6.8	226.1	0.454%		0.013	
⋮	⋮	⋮	⋮	⋮	⋮	⋮	⋮

です．また，図から読み取るのは難しいのですが，東海・東南海・南海連動地震では，損害率は 0.003，3 千万円程度の損害となることがわかります．大阪は太平洋から若干奥まっているため，揺れが小さくなるからです．見方を変え，3 千万円を超える損害が生じる地震の発生確率を見ていくと，向こう 30 年間で約 17％の確率で起きることが，縦軸からわかります．また，損害率 0.1，つまり 10 億円を超える損害を生じる地震は，向こう 30 年間で約 3％の確率で起きることがわかります．たとえば，ある企業にとって，「10 億以下の損害額であれば，なんとか許容できるが，これを超えるとなると，経営上問題となる」とします．そ

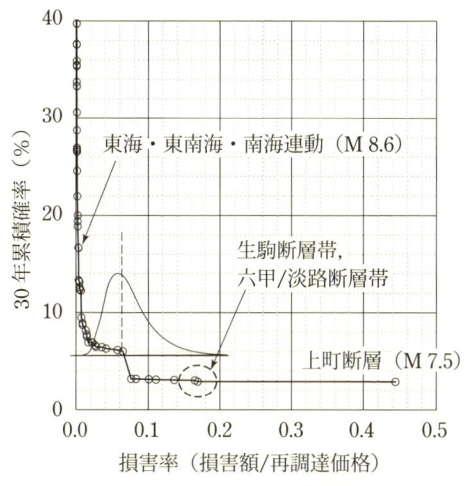

2.5 散在施設の危険度をみるイベントリスクカーブ

図2.7 イベントリスクカーブの例（30年間）

うすると，10億円以上の損害を引き起こす地震は何かというと，それらは上町断層を含め，主に生駒断層帯，六甲・淡路断層帯（六甲南縁）などの活断層地震であることがわかります．そしてこれら活断層地震がどれか1つでも起きる可能性は，向こう30年間で確率3%となります．この確率をどう捉えるか，これが経営者に課せられた課題になります．

ここで，全国に100以上の施設をもつ企業の地震リスク診断の例を紹介します．この企業は，自社が所有する施設全体としてのリスクを把握したいと考えましたが，施設が100以上もあるので，すべての施設に対し現地調査を行い，細かく評価することは難しいと判断しました．そこで，マルチイベントモデルを使い，各施設の脆弱性を同じと仮定し，リスクリストを計算しました．そして，損害額が最悪となる上位数十地震を取り上げ，損害額への寄与が大きい施設を10件ほど抽出しました．抽出された施設については，現地調査を行い，脆弱性を詳細に評価し，その他は現地調査は行わず，簡易的な方法で脆弱性を評価しました．改めて，マルチイベントモデルを使い，散在する施設全体のリスクリストやイベントリスクカーブなどを計算しました．

損害額への寄与が小さいことがわかっている施設を，現地調査までして細かく評価してもあまり意味がありません．そこで，損害額への寄与が大きい施設をス

2.6 金融対策に必要なリスクカーブ

　図2.5に示したマルチイベントモデルによる地震ハザード曲線を，滑らかな曲線に置き換えたものが，図2.3に示した地震ハザード曲線でした．同様の方法で，図2.7に示したイベントリスクカーブを，滑らかな曲線に置き換えることができます．これをリスクカーブとよびます．図2.8にその例を示します．横軸は損害率，縦軸はその損害率を超える確率，すなわち超過確率を表しています．図は30年間のリスクカーブを示していますが，「工場の供用期間は20年である」，「5年後に建替えを計画している」など，リスクカーブの期間は，必要に応じて任意に設定できます．

　この図からは，向こう30年間で，10％の可能性で被る損害率は0.025と読むことができます．100億円の施設では2億5千万円の損失になります．ただし，イベントリスクカーブと異なり，損害を与える地震を特定することはできませんが，6章で出てくる地震保険やキャットボンドなどの金融対策を設計する際には，必要な情報になります．

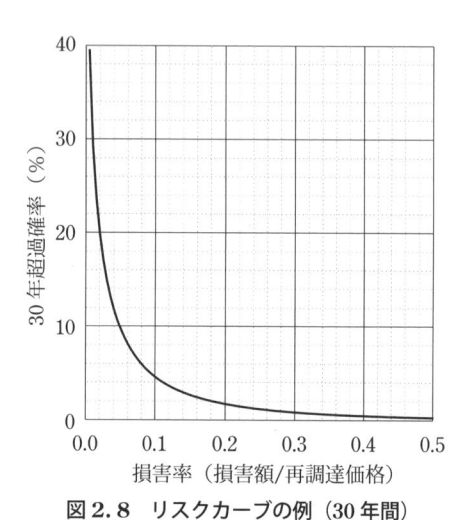

図2.8　リスクカーブの例（30年間）

ここまでは，各地に複数の施設を所有する企業の地震リスクを把握する手立てとして，マルチイベントモデルを中心に説明しました．マルチイベントモデルは，リスクリストやイベントリスクカーブ，リスクカーブを求める際に必要になります．また，首都直下地震の損害額，東海・東南海連動地震の損害額など，具体的な地震とリスクを一対でみることができ，地震の脅威を実感しやすく，また対策の要否を直感的に認識できる利点もあります．

2.7 地震の発生確率を計算する2つの方法

　地震の発生確率を計算する場合，2通りの考え方があります．ひとつは周期的に発生することがわかっている地震に対するもの，もうひとつは周期性は見られない，あるいはよくわからない地震に対するものです．周期的に発生することがわかっている地震は，たとえば，東海地震，南関東地震，宮城県沖地震など，主に海域のプレート境界で発生する大地震です．また，内陸の活断層地震も，過去の地震歴から周期性がわかっているものがあります．このような地震は，地殻内の歪エネルギーが少しずつ蓄積され，限界を超えたところで地震というかたちでエネルギーが一度に放出されるわけです．したがって，エネルギーが放出されてしまえばしばらくの間地震は起きない，つまり地震の発生確率は低い状態が続きます．ところが，起きない時期が長く続くと歪エネルギーの蓄積が進み，地震の発生確率は徐々に高まっていきます．これを模式的に示したのが図2.9になります．縦軸は1年間の地震発生確率なので注意してください．地震の年発生確率が時間とともに大きくなることを「切迫度が増している」などといいます．

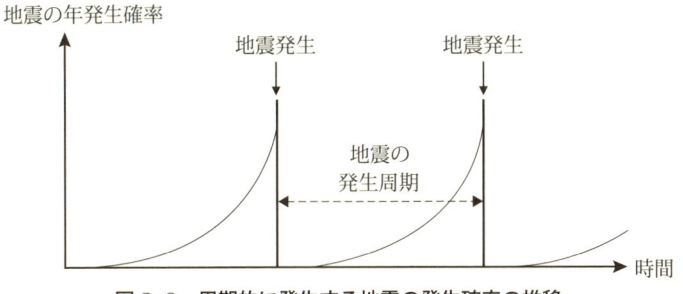

図 2.9　周期的に発生する地震の発生確率の推移

もうひとつの，周期性は見られない，あるいはよくわからない地震ですが，これは陸域で発生する活断層地震や，断層は見当たらないけど，どこでも起きてしまうランダムな地震を対象としています．私たちが頻繁に経験する地震の多くは，このどこでも起きてしまうランダムな地震なのです．この地震の特徴は，マグニチュードは必ずしも大きくないということです．最大でもマグニチュード 7.0 程度以下です．震源の近くでは大きな被害となりますが，その範囲は限定されます．ただし，どこでも起きうる可能性をもっているため，厄介な地震といえます．この地震の発生確率は，地震が起きる起きないに関わらず，時間に対し一定として扱います．これを模式的に示したのが図 2.10 になります．時間に対し一定なので，切迫度という考え方はありません．

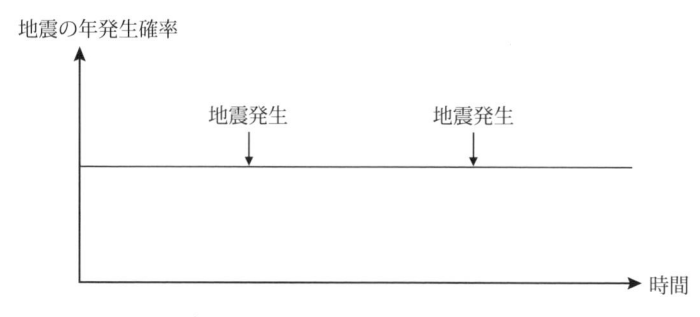

図 2.10　どこでも起きてしまうランダムな地震の発生確率

さて，向こう 10 年間の確率，向こう 30 年間の確率はどのように計算するかというと，どこでも起きてしまうランダムな地震については，累積のような計算をしていきます．この地震の発生確率は時間に対し一定ですから，向こう 10 年間というと，1 年間の発生確率のほぼ 10 倍になります．長生きすると，地震と遭遇する機会が年齢とともに増えていくわけです．ただし，確率に 100% はありませんから，単純な累積計算ではありません．

一方の周期的に発生する地震ですが，年間の地震発生確率は図 2.9 のように時間に対して上昇していくので，切迫度が増すと急激に発生確率は上がっていきます．このため，10 年間の発生確率は 1 年間の発生確率のほぼ 10 倍，とはなりません．具体的には，現時点までに地震は起きなかった，という条件付きの地震発

生確率を計算することになりますが，詳しくは文献[1]を参照してください．

　ここで，東日本大震災は周期的に起きる地震として，その発生がわかっていたのか，ということを考えてみましょう．東日本大震災が起きる以前，宮城県沖で発生するマグニチュード7.4クラスの地震は，これまでの200年間で6回発生していたことがわかっていました．その活動間隔は26.3年から42.4年，平均周期は37.1年です．この結果から，2010年1月の段階で，向こう10年間で70％，30年間で99％という高い確率を予想していました．東日本大震災を引き起こした震源の破壊開始点は，まさに宮城県沖でした．そして，福島県沖，茨城県沖の震源域に連動していき，結果的にはマグニチュード9.0という巨大地震に至ったわけです．宮城県沖地震の発生は，高い確率を裏付ける形で発生していたわけです．残念なことは，あれほど大きい地震になるとは予想していなかったことです．また，2003年の9月に発生した十勝沖地震（マグニチュード8.0）は，向こう30年間で60％程度の確率で発生すると予想されていた地震です．予想した場所で確かに発生しました．

　さて，東海地震ですが，発生周期は平均して118.8年，そして最後に起きたのは1854年の安政東海地震（マグニチュード8程度）です．あれからすでに158年経過していますから，すでに平均的な発生時期を超えています．しかし，2.3節でも説明したように，今後1年間を見ると，東海地震の発生確率は6.2％（2012年11月から1年間）になります．この確率をどう捉えるかは人によって違うと思いますが，起きた場合の重大さを考えると，高い値であることを再認識することができます．周期的に発生する地震は，遅かれ早かれ必ず起きる地震です．また，周期性が見られないランダムな地震であっても，時間を長期にとれば，いつかは起きることになります．

2.8　津波ハザードマップの見方

　津波は，海域で発生した地震や火山活動により海底面が隆起，沈降し，その作用によって起きる現象です．このため，海底面が横にずれるような地震（横ずれ

[1) 中村孝明，宇賀田健，地震リスクマネジメント，技報堂出版，2009．

断層）では津波は起きません．また，地震のマグニチュードがおおむね 6.5 以下であれば，被害をもたらすような津波は起きないと考えられています．このように，わが国は地震との遭遇が大変多い国ですが，津波を引き起こす地震は限られていることを認識しておく必要があります．一方で，奥尻島地震（北海道西南沖地震 1993 年 7 月，マグニチュード 7.8），スマトラ島沖地震（2004 年 1 月，マグニチュード 9.1），東日本大震災（2011 年 3 月，マグニチュード 9.0）など，津波の猛威を目の当たりにすると，防ぎようのない重大災害であると，実感する人は多いと思います．事実，津波が襲った地域はほぼ壊滅状態となり，また多くの人命を奪っています．一方で，浸水さえしなければ被害なし，といいきることができるわけですから，津波はどこまで浸水するのか，その高さは，この点が皆さんの関心事になります．

　そこで，津波ハザードマップなるものが都道府県から公表されています．これは海岸での津波高さ，あるいは浸水範囲などを地図上に示すことで，自分の家が浸水するか否かを視覚的に把握するものです．また，避難場所や避難経路などもあわせて示しています．このような情報が都道府県から示されているのは，「津波防災地域づくりに関する法律（平成 24 年 12 月 14 日制定）」で，「都道府県知事は，…津波浸水想定を設定する」と規定されているからです．ここで，県によって津波の計算方法や前提条件が違っていた場合，県境で津波高さが異なる，といった状況が起こりかねません．

　さて，東日本大震災では，あらかじめ公開されていた浸水範囲を超え，広い範囲に津波が襲ってきました．このため，浸水範囲外とされた地域に居住していた人々は逃げ遅れ，多くの人々が犠牲になりました．この教訓から，津波ハザードマップは，最悪となる津波浸水範囲を示すように改編されています．東海・東南海・南海の 3 連動に，日向灘沖を含めたマグニチュード 9 地震が想定されたのも，この教訓からです．

　一方，内閣府中央防災会議防災対策推進検討会議津波避難対策検討ワーキンググループ（2012 年 7 月）は，「あらゆる可能性を考慮した最大クラスの津波と比較的発生頻度の高い津波の二つを想定し，最大クラスの津波については，海岸保全施設（防潮堤など）などで対処するのは現実的ではないことから，避難を第一義とし，発生頻度の高い津波については，防潮堤などで対処する」といった答申

を出しています．これは，「小津波は防潮堤で防ぐが，大津波は防げないので避難しましょう」つまり，国は「最悪となる津波浸水範囲や避難場所や避難経路などをハザードマップで公開するので，大津波が来襲した際には，各人の責任おいて行動してください」といっているのです．

個人や企業の責任ある行動に委ねられているわけですが，このようなとき，リスクマネジメントの観点から，対策を考えることが重要になります．まず，それぞれの立場でできることと，できないことを把握することが必要です．つまり，「実現可能な対策を念頭に置く」ということです．津波対策の選択肢は必ずしも多くなく，また費用面では，大金を要するかそうでないか，など限られてしまうからです．具体的には，① 高台あるいは内陸へ移転する，② 重要な設備を上層階に移す，③ 避難ビルを造る，④ 非難訓練をする，⑤ 保険に入る，この程度に集約されてしまいます．たとえば，使える費用にゆとりのある企業は，①や③を検討することができますが，厳しい状況では②，④，⑤といった対策になってしまいます．津波対策の検討では，最悪の津波が来たとき，浸水するか否かを把握するとともに，それぞれの立場でできること，できないことをしっかり認識しておくことが重要です．ただし，浸水範囲外だからといって安心せず，避難訓練は実施しておく必要があると思います．

2.9 津波の特徴と津波シミュレーション

水深に対し波長が20倍以上の波を長波といいます．津波はこの長波に分類されます．普通の波の水粒子は，水平方向と上下方向に回転しながら波の進行方向に移動します．このため，水粒子間で摩擦が起きやすく，エネルギーは比較的早く減衰していきます．一方，長波の水粒子は，水平方向のみ運動し，鉛直方向には運動しません．このため，水粒子間で摩擦が起きにくく，エネルギーは長期間保存されたままになります．津波が太平洋を横断して被害をもたらす理由は，エネルギーの減衰が少ないからです．また，津波の速度は水深3000 mの場合，約600 km/hになります．この速度はジェット機に相当します．海岸に近づくと，津波の速度は急速に低下します．たとえば，水深20 mでは50 km/h程度になります．人が走って逃げても間に合わない速度です．津波の周期は地震のマグニ

チュードにほぼ比例し，たとえばマグニチュード8では，周期は約50分になります．周期が長いほど波長は長く，来襲する津波の高さも高くなります．

津波の水理的な特徴をいくつか挙げましたが，次に，津波の浸水範囲や高さをシミュレーションする方法を簡単に紹介しましょう．津波シミュレーションには，簡便なものから高度で複雑なものまで，いろいろあります．かかる費用も，高いものから安いものまで幅があります．このため，どのような目的で，何を知りたいのか，この点をはっきりさせ，必要に応じて使い分けすることが重要です．ここでは，3種類の解析手法を紹介します．レベル湛水法，非線形長波理論による平面2次元解析，3次元VOF（Volume of Fluid）法です．

レベル湛水法は，来襲する津波高さを海岸域で設定し，その水位がそのまま静的に，陸域に浸水するものとして，浸水範囲を計算する方法です．陸域の標高のみによって決定するため，浸水範囲は安全側（より高い地域まで浸水範囲は広がる）の評価となります．難しい数値解析は必要としないので，簡便で安価な方法といえます．ただし，来襲する津波高さを海岸域で設定する際には，津波距離減衰式を併用したり，既往の調査報告や津波ハザードマップなどを参照したりします．この段階で津波高さを見誤ると，浸水範囲も見誤ることになるので注意が必要です．

非線形長波理論による平面2次元解析は，震源海域の海面の盛り上がりを入力として，海域での津波の伝搬や陸域での遡上を時々刻々解析する方法です．国や自治体から公開されている津波高さの情報，津波ハザードマップ作成のもととなるデータの解析など，もっともよく使われている方法です．さて平面2次元解析とありますが，先ほど説明したように，津波は長波ですから水粒子は水平方向しか動きません．このため，平面をメッシュ分割した2次元解析で十分な精度を得ることができるわけです．一方で，震源域での海面の盛り上げ方法，適切なメッシュ分割，陸域での粗度評価などによって津波高さは違ってきます．このため，海岸工学や海洋水理学を専門とする技術者の知見や経験が必要になります．

3次元VOF法は，自由水面を有する複雑な流れを再現する方法として利用されています．本手法は，構造物周辺にまわり込む流れを精緻に分析したり，建物への津波流体力を計算するなど，3次元の効果を細かく再現する場合に威力を発揮します．一方で，計算時間がかかるため，海岸に到達した津波を入力として，

陸域のみを計算するなどの方法が採られています．また，海域は前記した平面2次元解析を使い，陸域に3次元VOF法を使うなど，いわゆるハイブリッドな方法もあります．

　津波の浸水範囲や津波の高さを知ることが目的ならば，レベル湛水法，長波理論に基づいた平面2次元解析などが妥当と考えます．また，解析手法は，津波対策の選択肢や防災の方針などをしっかり決めたうえで，無駄にならないように選ぶことをおすすめします．

3 弱点を見つける地震リスク診断

　私たちの社会は，基本的にはお金と時間によって，損得が測られています．そして，いかにして利益を得，いかにして損失を減らすか，これが経済活動の源泉となっています．地震リスク診断は，地震によってどれだけのお金が失われ，どれほどの時間が失われるのかを見積もることによって，経済活動への損害を把握します．また，損害を大きくする要因や事業停止が長期化する原因を見つけるため，さまざまな指標や工夫が用意されています．
　ここでは，地震リスクはどのように計算するのか，弱点はどのように見つけるのか，考え方や方法をわかりやすく解説します．

3.1　2つのリスク定量化手法

　地震リスクマネジメントには，非専門家でも判断できるわかりやすい情報を示すことで，経営者や防災担当責任者の積極的な判断を支援する，という基本的な考え方があります．これを実践するには，どのような対策がより効率的かを客観的に比較できなければなりません．そこで，地震リスク診断では，地震リスクを科学的に定量化することを技術の核と位置づけています．
　リスク定量化方法には2つの流れがあります．ひとつは地震保険料率の算定に用いられた方法です．もうひとつは原子力施設を対象とした安全性評価技術にその起源があります．前者は災害対策を扱う米国の緊急事態管理庁（FEMA）が1985年に取りまとめた諸施設の地震被害統計により定量化のベースが整備されました．この方法は，実被害のデータを統計的に分析し，図3.1に示すような関数を導いて，損害額，つまりリスクを求める方法です．図の横軸は地震動の大き

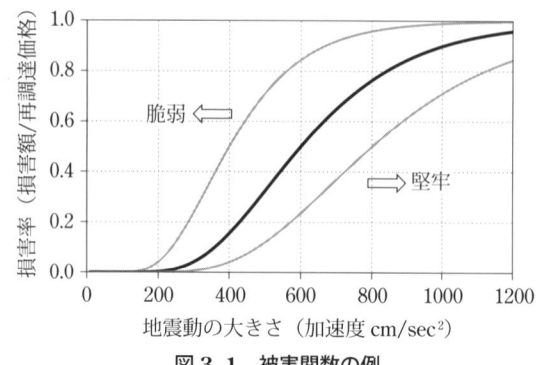

図 3.1 被害関数の例

さ（加速度，速度，計測震度など），縦軸は損害額を再調達価格で割った損害率になります．作用地震動を与えれば，損害額を直接求めることができる便利な関数です．この関数を被害関数とよびます．被害関数は，建物や各種構造物をその用途や構造形式，建設年代などによって分類し，分類された建物の被害統計データから求めます．これを純統計的方法とよびます．この方法では，分類された建物の平均的な損害額は求められますが，私の家，この建物，といったように建物固有の損害額を求めることはできません．また，統計的に求めるので，新たに造られた建物や特殊な建物，被害を伴う大地震を経験したことのない建物などの損害額は求められないことになります．

　一方，後者の原子力施設を対象とした安全性評価技術ですが，この技術は信頼性工学をベースとした確率論的リスク評価技術を背景に，特に学術分野において整備されたものです．その中に，建物や各種構造物の耐震耐力（地震に対する強さ）を数値解析的に求め，これに実験や被害統計，各種材料のばらつきなどを考慮し，被害が発生する確率を求める方法があります．この方法で使われている関数をフラジリティカーブとよびます．例を図 3.2 に示します．フラジリティカーブは，たとえば，軽微，中破，倒壊など，被害レベルごとの発生確率を求めることができます．図 3.1 とよく似た形ですが，縦軸が損害率ではなく，被害レベルの発生確率になっていることに注意してください．横軸は図 3.1 と同じ地震動の大きさになります．作用地震動がわかれば，各被害レベルの発生確率が得られ，この確率に各被害レベルの損害額を乗じることで，リスクを求めることができます．後

図 3.2 フラジリティカーブの例

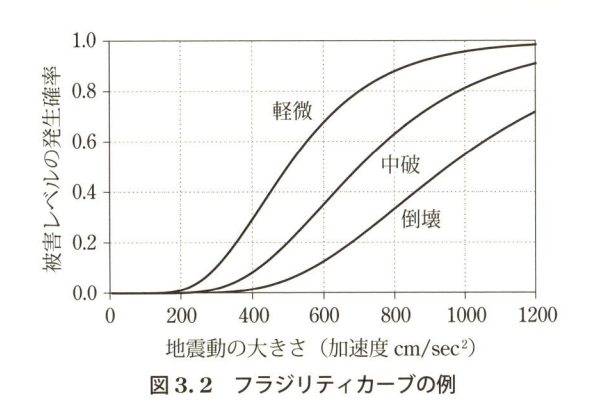

ほど詳しく説明しますが，地震リスク診断では，このフラジリティカーブを使ったリスク評価方法を採用しています．この方法では，被害統計がないケースや特殊な建物であっても，数値解析によってリスクを計算できます．つまり，私の家，この建物，といった建物固有のリスクを計算できるわけです．

さてここで，損害額を求めるのであれば，フラジリティカーブを使うより，被害関数を使う方が簡単で便利ではないか，といわれる人も多いと思います．ところが，地震リスク診断では，損害額を求めることだけが目的ではなく，どこに問題があるのか，どこをどう直せば，リスク軽減に寄与するのかを見つけ出すことが目的です．そのためには，被害がどのような理由で起きるのか，その根拠をリスクの計算過程で把握できなければなりません．このため，建物や構造物固有の耐震耐力を解析的に求める作業が必要になるのです．また，軽微な被害は許容するが倒壊は避けたい，といったように，被害のレベルごとの対策を求められることもよくあります．このような場合，被害レベルごとの耐震耐力や建物の振動性状の特徴など，細かく把握しておかなければなりません．地震リスク診断には，このような細密な検討や対策の柔軟性，さらに評価の透明性などが求められることから，数値解析的方法によるフラジリティカーブを採用しているわけです．

また，これまでなかった新たな構造物や新たな被害の様態の出現，さらに社会システムや仕組みの変容などを考えると，リスク定量化技術は，最新の知見や技術，情報を取り込み，進化していく必要があります．フラジリティカーブはこのような進化を寛容に受け入れる利点をもっています．事実，フラジリティカーブ

に関する学術的な研究や被害事例による検証などが日々進んでいます．

3.2　さまざまな被害を網羅し，想定外を設けない

地震による被害は，液状化，津波，建物の倒壊，天井の落下，各種機械の損壊といった被害を想定することができます．また，建物の被害にしても，軽微，中破，大破，倒壊などのレベルが考えられます．このようなさまざまな被害や被害のレベルを考えあわせると，想定すべき被害形態は膨大なものになります．地震リスク診断では，被害の組合せによる被害形態を網羅し，漏れがあってはならないと考えます．つまり，想定外はあってはならないと考えるわけです．また，損害額を重複して算出することも避けなければなりません．これを，確率事象の世界では「排反事象の集合としてすべてを尽くす」といいます．

このような課題に効果的に対処できるのがイベントツリー解析（Event Tree Analysis，以下 ETA）です．ETA の特徴としては，前に起きた事象が後に起きる事象に影響する，いわゆる従属事象の扱いが容易であることです．たとえば，プロパンを内包する球形タンクが損傷し，そこに着火源があると，出火あるいは爆発し，さらに周辺装置に延焼する，といった被害の進展を想定できます．このとき，延焼は球形タンクの損傷に従属して起きたことになります．ETA はこのような被害の従属関係や進展を齟齬なく分析することができます．

図 3.3 は，ETA の例を示したものです．最初に，図の左上にある被害要因を

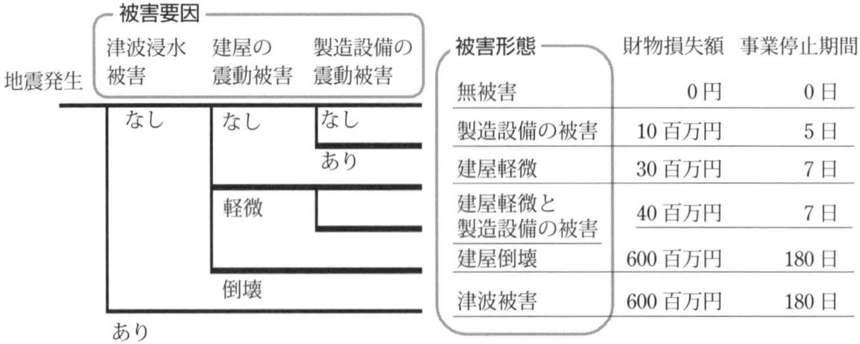
被害要因
津波浸水被害
建屋の震動被害
製造設備の震動被害
地震発生
なし
なし
なし
あり
軽微
倒壊
あり
被害形態
財物損失額
事業停止期間
無被害
0 円
0 日
製造設備の被害
10 百万円
5 日
建屋軽微
30 百万円
7 日
建屋軽微と製造設備の被害
40 百万円
7 日
建屋倒壊
600 百万円
180 日
津波被害
600 百万円
180 日

図 3.3　イベントツリー解析の例（財物損失額，事業停止期間）

設定します．実際には，地盤の状況，周辺環境，施設管理者の意見，さらに施設の配置や危険物の状況などを調査し，対象施設固有の被害要因を決定します．図の例では，津波浸水被害，建屋の震動被害（揺れによる被害），製造設備の震動被害の3つを取り上げています．各被害要因の分岐は，津波は2つ，建屋は3つ，製造設備は2つですから，これらの組合せをすべて考慮すると，被害形態は12（＝ $2 \times 3 \times 2$）通りとなります．ところが，実際は6通りになっています．建屋が揺れによって倒壊すると，その内部にある製造装置も壊れます．また，津波が重度に浸水すると，建屋も製造設備も使えなくなります．つまり，全損になるので，これ以上の被害の組合せは考えなくてよいことになります．これは建屋が倒壊すれば内容物も壊れる，といった物理的な従属関係を考えていることになります．さて，6つの被害形態を見ると，それぞれ被害要因の組合せが示されています．たとえば上から4番目は，建屋が軽微な被害を受け，さらに製造装置が損傷した状態を表しています．このように被害形態が明確に示されると，復旧費用や復旧にかかる日数，つまり財物損失額や事業停止期間などがわかります．図の例では，40百万円と7日となっています．

　一方，図3.4は同じETAですが，各被害形態の起きやすさ，いわゆる確率を計算したものです．まず，被害要因が起きる確率（分岐確率とよぶことがある）を計算し，これをイベントツリーに当て込みます．図では，津波浸水被害は0.01（1%）の確率で起きる，建物震動被害は軽微であれば0.18（18%），倒壊であれば0.02（2%）で起きる，といったことが組み込まれています．これらの確率は，

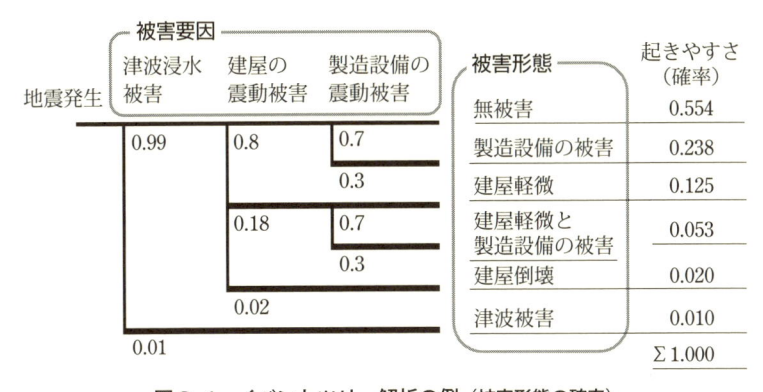

図3.4　イベントツリー解析の例（被害形態の確率）

シナリオ地震による地震動や津波浸水高さを計算し，その結果をフラジリティカーブに適用して求めます．そして，被害要因の確率を左から右に向かってかけあわせていくと，被害形態が起きる確率を計算することができます．たとえば上から4番目は，建屋が軽微な被害を受け，さらに製造装置が損傷した状態を表しています．このような状態が起きる確率は 0.053（$= 0.99 \times 0.18 \times 0.3$）と読めます．

さて，地震災害が起きるたびに，新たに生じた脅威と対峙する構図が繰り返し起きています．たとえば，関東大震災（1923年）では火災が猛威を振るい，兵庫県南部地震（1995年）では木造建物の倒壊による圧死が大きな問題となりました．東日本大震災（2011年）は津波による犠牲者が，死亡者の大半を占めました．これは被害要因の違いのみならず社会環境や生活様式が日々変容し，それとともに，被害の様態が変化しているからです．したがって，社会や企業の変容に応じて発生する新たな被害の様態を予見しなければなりません．被害要因に漏れがなければ，想定外の被害を見逃すことはありません．これはまた，被害要因の組合せによって起きる新たな災害を発見することにもつながります．地震リスク診断では，さまざまな被害形態を網羅し，新たな被害の様態を含め，漏れがあってならないと考えます．ETAはそのための有効な手段といえます．もうひとつ大事なことがあります．それは，ETAを見ることでどのような被害要因を想定したか，見逃しはないか，などを確認できることです．これはリスク診断結果の根拠や計算のプロセスについて，説明力がある，ということです．

3.3　リスクの推計とその見方

イベントツリー解析で求められた，被害形態毎の財物損失額や事業停止期間，さらに起きる確率などから，図3.5に示すような，財物損失額や事業停止期間の確率分布を求めることができます．

これら確率分布は，リスクの実体を表しています．しかし，意思決定情報としてはわかりづらいため，平均値や最頻値，あるいはある確率を超えない損害額などを計算します．図の例では，事業停止期間の平均値は 7.8 日であり，また事業停止期間が7日以下である確率は 97% になります．これらを考えあわせると，「最

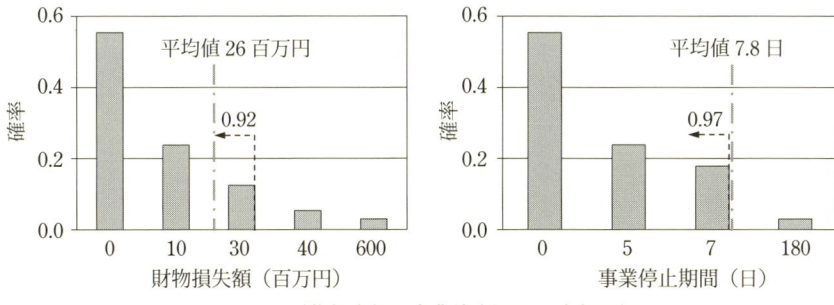

図3.5 財物損失額と事業停止期間の確率分布

大で7日程度の事業停止が見込まれる」を前提に諸対策を検討することは，妥当な判断といえるでしょう．また，財物損失額の平均値は26百万円ですが，この値が実際の損害額になるわけではありません．たとえば90％程度の確かさで生じる財物損失額はというと，約30百万円であることがわかります．理由は30百万円以下となる確率は92％だからです．これより，損害額は30百万円を上限と考え，対策を決断しても，理解は得られると思います．

このような計算を，シナリオ地震を変えて繰り返し計算します．これにシナリオ地震の発生確率を組み合わせると，前の章で出てきたリスクリスト（表2.2）やイベントリスクカーブ（図2.7参照）を描くことができます．シナリオ地震ごとに繰り返し計算しても，図3.4に示したイベントツリーの確率が変わるだけなので，一度イベントツリーを作っておけば，その後は容易に計算できます．

さて，「排反事象の集合としてすべてを尽くす」という意味を改めて確認しましょう．たとえば財物損失額が一定の額となる事象は互いに重ならない，いわゆる排反事象の集合として表されます．また，それぞれの起きやすさは確率で示され，確率を総和すると1.0になるということです．このことが前提にあるので，平均値や最頻値，あるいはある確率を超えない損害額など，確率法則に則った諸数値を算出することができるわけです．これは大変重要な前提になります．

3.4 巨大施設のリスク診断

大きな工場になると，建屋，製造装置，各種ユーティリティなど，無数の設備

で構成され，それぞれは複雑に連結されています．また，石油精製施設などでは，塔槽類や反応装置，加熱炉や各種タンク類など，これまた無数の機器類が配管を介して複雑につながっています．

このような複雑かつ大規模な施設総体のリスクをどのように計算するのか，だれでも疑問をもつものと思います．地震リスク診断では，機能的に分かれている，離間がある，建屋によって分かれているなどの状況を調査し，工場全体を機能と空間で分割します．分割したものをユニットとよびます．リスクの計算は，このユニット単位で行い，工場全体のリスクを計算します．ユニット分割は，大規模な工場のリスクを計算するのに不可欠な作業ですが，経験やノウハウが必要かというと，必ずしもそうではありません．工場は複雑に見えますが，実際は効率的かつ整然と造られています．しかし，後付的に施設を拡張してきた工場はそうではありません．

図 3.6 は，石油精製施設をユニットに分割した一例です．ユニットは合計で 10 あります．ユニット 1，2 は原油などのタンクユニット，9，10 は製品のタンクユニットになります．3，4，5，および 7，8 は，製造整備群であり，プロセス

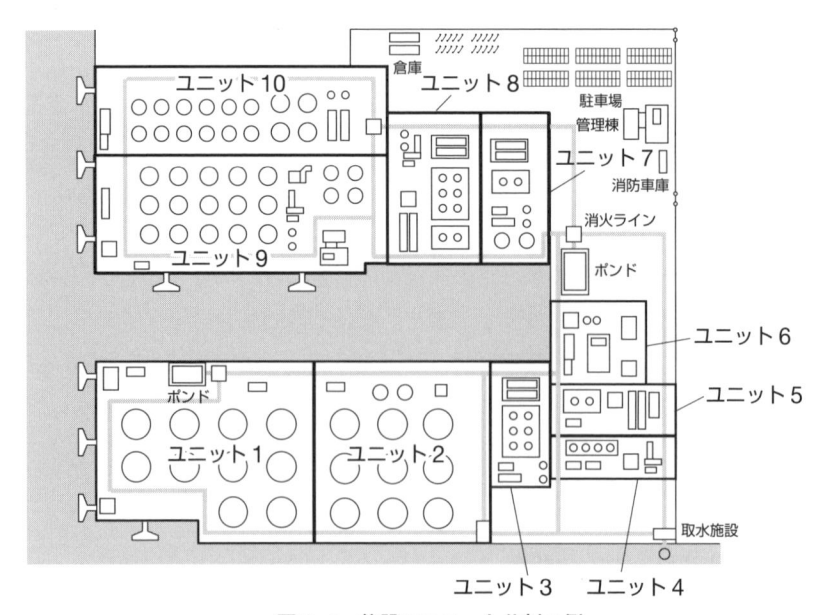

図 3.6 施設のユニット分割の例

ユニットとよびます．6はユーティリティユニットになります．各ユニットは，さまざまな製造設備やタンク類から構成されていますが，これらをコンポーネントとよんでいます．

ETAの被害要因は，コンポーネントの被害を見ていくことになります．このため，数千，数万の被害要因を考えなければなりませんが，構造形式や建設年代ごとにまとめて計算するので，実際は，それほど多くはなりません．とはいえ，図3.4のようなツリーを図化することはできないので，被害要因をリスト化し，どのような被害要因を考慮したか，漏れはないかなどを確認することになります．

3.5 被害の可能性を確率で計量

被害要因が発生する確率を求めるには，フラジリティカーブを使います．ここでは，フラジリティカーブについて詳しく説明しますが，地震リスク診断では枝葉の部分になるので，読みとばしても構いません．

フラジリティカーブの技術的バックグラウンドは，信頼性工学にあります．信頼性工学は第二次大戦中のレーダーに使われた真空管の耐久性問題に端を発しています．その後，各種製品や機器類を対象に，さまざまな環境下で十分な性能を発揮できるのか，故障しないで長時間使えるのかなどを評価・分析し，設計や生産性の向上に役立てる方法として，今の信頼性工学があります．また，信頼性工学の分野では，機械や各種の装置が故障したり，自然災害などによって損傷するなど，いわゆる不具合が起きる確率を不信頼度，健全である確率を信頼度とよびます．この不具合が起きる確率（不信頼度）を科学的に評価することが，信頼性工学の主要な課題になっています．

電球を思い起こしてください．同じ店で，同じ時期に購入した電球を，ほぼ同じ環境で使ったとします．すると，早く切れてしまう電球もあれば，長時間切れない電球もあります．工場では，同じ品質の電球を作っているにも関わらず，耐久性にばらつきが生じます．ばらつきがあることによって，電球の寿命は平均値で代表されるものの，電球個々の寿命は確定できないことになります．つまり，確率事象として扱わざるをえないわけです．工場で作った電球でさえ耐久性にばらつきがあるわけですから，現場で作られる建物や各種構造物にばらつきがあっ

ても不思議ではありません．また，建物や構造物に作用する地震動も，かなりのばらつきがあると考えられています．このようなばらつきを考えると，同じような建物に同じような地震動が作用しても，壊れる建物もあればそうでない建物もある，と考えるのは自然な発想といえます．

壊れる，壊れない，あるいは安全，危険などを明確に区切ることはできません．その間には，ばらつきに起因したグレーゾーンが存在します．より安全を追求するためには，このグレーゾーンの存在が大変重要になります．安全である，あるいは壊れないといいきった段階で，安全神話ができあがり，それ以上の努力をしなくなるからです．建物や構造物が壊れる可能性を確率で表すことは，グレーゾーンの定量化にほかなりません．

地震リスク診断では，グレーゾーンの定量化において，フラジリティカーブを有効に活用しています．それでは，フラジリティカーブはどのような方法で作られるか，簡単に説明しましょう．図3.7を参照ください．まず，構造物に作用する地震動は，中央値で代表されるものの，ばらつきがあるため，図のように確率分布として表現します．中央値とは，実現する可能性が五分五分の値であり，平均値とは若干違います．同様に，構造物の耐震性能（耐力）も確率分布していると考えます．これは，予想より大きい地震動が作用するかもしれない，あるいは推計した耐力より実際は低いかもしれない，といった不確実性を考えるわけです．

さて，地震動の大きさに換算した構造物の耐力を，作用する地震動が超えると，当然ですが構造物は被災することになります．図3.7を見ると，おおむね構造物の耐力より地震動が小さいので，被災しないだろう，と推測できます．ところがよく見ると，地震動の分布のすそ野と，構造物の耐力の分布のすそ野が一部重なっています．この部分では，若干ですが構造物の耐力を地震動が超えています．つ

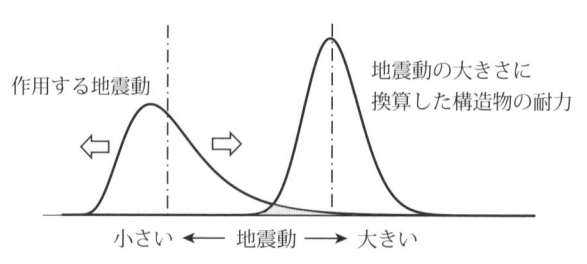

図3.7　地震動と構造物の耐力の確率分布

まり，いくらか被災する可能性があるわけです．この被災する可能性を積分を使って理論的に計算すると，被害の発生確率が求められます．また，作用地震動の分布を図の右方向に移動させます．これは，作用地震動が大きくなるということを意味しています．そうすると，構造物の耐力の分布と重なる部分が多くなり，被害の発生確率は大きくなります．そして，横軸に作用地震動の中央値，縦軸に被害の発生確率をプロットしていくと，フラジリティカーブを描くことができます．

図3.2には，軽微，中破，倒壊など，被害のレベルごとのフラジリティカーブが描かれています．これは，それぞれの被害レベルに応じて，構造物の耐力の分布が右に移っただけです．当然ですが，耐力の大小関係は，軽微＜中破＜倒壊となります．また，フラジリティカーブの形（関数形）は，対数正規分布を累積した関数になります．これを対数正規分布の非超過確率関数とよびます．なぜ対数正規分布かいうと，作用する地震動や構造物の耐力は，ともに対数正規分布に近似できることが統計的にわかっているからです．なお，信頼性設計の分野では，図3.7を見た目そのままに，二山モデルなどとよんでいます．

3.6 被害確率を求める関数とは

対数正規分布は，対数の中央値と対数標準偏差の2つのパラメーターで表すことができます．つまり，この2つの数値を与えれば，フラジリティカーブは容易に得られます．まず，対数の中央値は，地震動の大きさに換算した構造物の耐力そのものです．設計図書や構造計算書，耐震診断報告書などから計算して求めます．老朽化や劣化が進んでいる構造物は，その進展具合から耐力を低く見積もることもあります．対数標準偏差は，地震動の観測値と予測値の誤差，実験や実被害の統計処理，各種材料のばらつきなどから求めます．構造物によって異なりますが，研究や調査などから，おおよそ0.4～0.7の範囲とされています．この値は，図3.7に示した作用地震動の対数標準偏差と，構造物の耐力の対数標準偏差を合わせたものです．

ここで，2つのパラメーターによるフラジリティカーブの変化の傾向を見てみましょう．図3.8は耐力の中央値が700 cm/sec^2，対数標準偏差0.5のフラジリティカーブを基本に，aは対数標準偏差を0.2と0.0に変えた比較図，bは中央値を

1000 cm/sec^2 に変えた比較図です．なお数学上，対数標準偏差が 0.0 ということはありません．実際は極小としています．

まず，図 3.8 a の図ですが，垂直に立ち上がっている関数は，対数標準偏差を 0.0 とした関数です．これは，ばらつきがないということになり，地震動 700 cm/sec^2 を境として，これ以下では無被害，これ以上では壊れるといった確定的な評価になります．よって「グレーゾーンはない」ということになり，現実的ではありません．また，フラジリティカーブはばらつきが大きいと横に寝るようになり，ばらつきが小さいと立つようになります．このことから，同じ地震動，たとえば 600 cm/sec^2 が作用した場合，ばらつきが大きいと壊れる確率は大きくなり，ばらつきが小さいと壊れる確率は小さくなることがわかります．一方で，中央値である 700 cm/sec^2 を超えると，逆の傾向が現れることに気付きます．この領域は壊れる確率が 0.5 以上の領域であり，通常の構造物では，壊れる確率 0.5 以上になるような設計は行われません．したがって，ばらつきが小さいと壊れる確率は小さくなると考えて，実務上差支えありません．一方，図 3.8 b は，耐力の中央値が 700 cm/sec^2 と 1000 cm/sec^2 の比較になります．あきらかに，耐震耐力の勝る 1000cm/sec^2 の方が，どの地震動においても壊れる確率は小さくなっています．

地震リスクマネジメントでは，建屋の耐震壁を増設する，製造装置の固定度を増す，釣設備の筋交いを増やすなどの補強策を提案することがよくあります．この場合，図 3.8 b の図のように，補強策によって耐力の中央値は高くなり，その

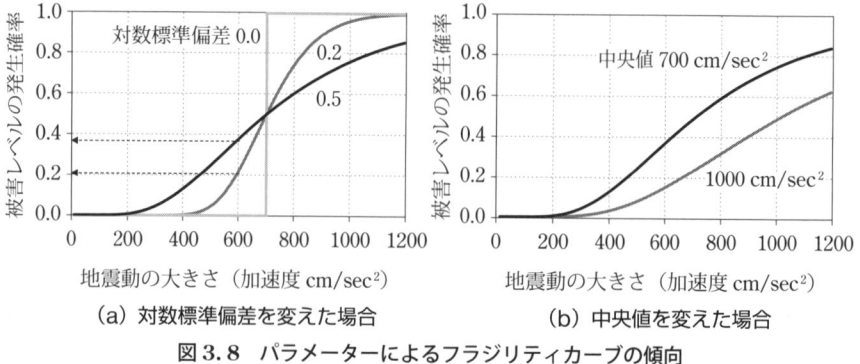

(a) 対数標準偏差を変えた場合　　(b) 中央値を変えた場合

図 3.8　パラメーターによるフラジリティカーブの傾向

3.6 被害確率を求める関数とは

結果壊れる確率は小さくなり，リスクは低下することになります．また，ばらつきを小さくすることで，壊れる確率を小さくすることもできますが，このばらつきは施工精度や材料の個体差，地震動の推計誤差など，いわゆる純統計的なばらつきが大半を占めます．このため，改善の余地は少ないと考えられています．

図3.9は，イベントツリー解析に至るまでのフラジリティカーブの求め方を示したものです．図の右側の設計図書や構造計算書などは，対象施設の管理者から提供される情報です．対数標準偏差は各種研究や調査結果を整理したものを，あらかじめ用意しておきます．フラジリティカーブは被害要因（図3.3参照）の数だけ必要になります．また，耐力の計算は手間のかかる作業でもあります．そこで，実地調査の段階で，脆弱な建物や製造装置を選別しておきます．この選別は，資産価値が高く，また代わりがない重要な装置や機器類も対象になります．そして，選別された建物や製造装置のみ耐力の計算を行い，それ以外はデータベースとして準備されたフラジリティカーブで代用します．地震リスク診断は，実践技術ですから，必要な計算と必ずしも必要ではない計算とを分け，手間を省けるよう配慮します．

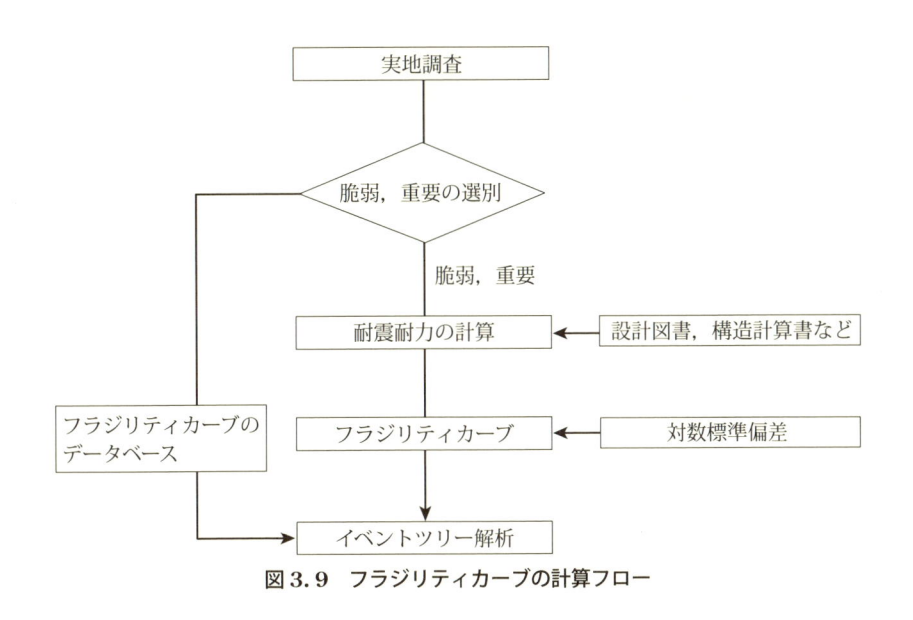

図3.9 フラジリティカーブの計算フロー

3.7 復旧曲線で復旧過程を可視化

　地震による事業停止は，企業の逸失利益（営業損失）に直接関係します．また，長期化することで取引先の信頼を失ったり，市場を失ったりします．地震による事業停止は何日に及ぶのか，多くの企業の関心事だと思います．ここでは，事業停止期間を推計する方法について説明します．

　地震リスク診断では，理解できる，判断できる，という観点から，業務再開に至る経時的な過程を描画した，いわゆる復旧曲線を求めます．図 3.10 にその例を示します．復旧曲線の縦軸は，通常の業務状況を 1.0 とした復旧率で表すことが多いのですが，製品の出荷量，売上，種々の業務など，目的に応じて変えることができます．横軸は地震発生からの時間を示しています．また，この図ではステップ状に復旧していく様子が見てとれますが，このステップは各業務，製品，あるいは製造ラインなどに相当し，どの業務が，どの製造ラインがいつごろ復旧するかが把握できます．このように，どの業務がいつごろ再開できるかといった，業務別の復旧時期が把握できることは，無駄のない防災対策を検討するうえで役に立ちます．また，復旧曲線と目標となる復旧期間の乖離を視覚的に把握できることも利点といえます．

　図 3.11 は 1 つの製造ラインをもつ生産工場の例ですが，生産ができる条件と

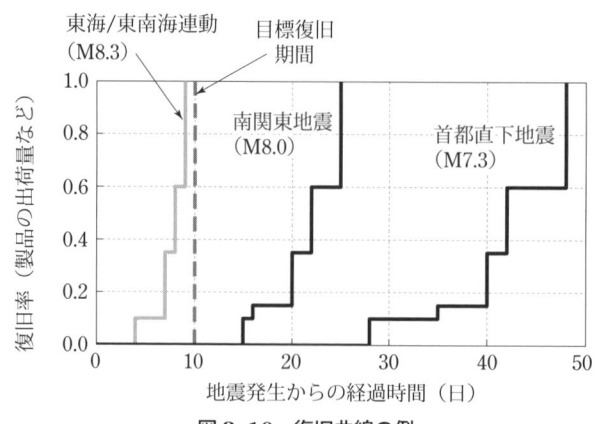

図 3.10　復旧曲線の例

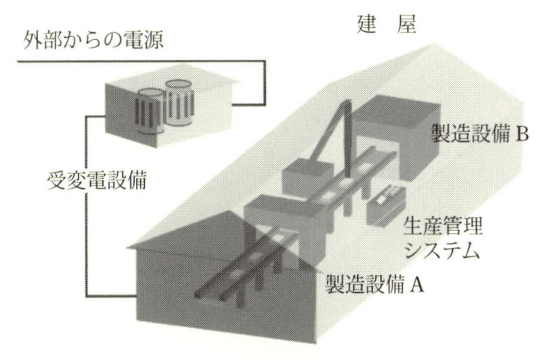

3.7 復旧曲線で復旧過程を可視化

(a) 工場の例

5日，0.12　10日，0.05　30日，0.03　20日，0.02　10日，0.05　7日，0.10

外部電源 — 受変電設備 — 建屋 — 製造設備A — 製造設備B — 生産管理システム

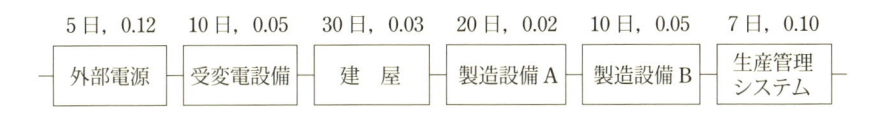

(b) 生産工場のシステムモデル

図3.11　1つの製品を生産する工場の例

しては，外部からの電源，受変電設備，製造設備，建屋，生産管理システムなど，すべてが健全に機能していなければなりません．つまりどれか1つでも不具合があると，生産は停止します．この実状をシステムとしてモデル化すると，図3.11bのような直列システムとして表すことができます．図の四角の枠は生産活動に必要な設備（受変電設備，製造設備など）を表し，設備の上に書かれた数値は，地震による被災確率と復旧に要する期間（日）を示しています．被災確率はフラジリティカーブから求めることになります．

直列システムは，1つの設備でも被災すると，システム機能は完全に停止する特徴をもっています．つまり，すべての設備が健全でなければなりません．この特徴を考慮しつつETAを利用すると，図3.12に示すような事業停止期間の確率分布を求めることができます．この図から，事業停止期間は平均的には3.3日となり，7日以内に復旧する可能性は0.86（86%），10日以内に復旧する可能性は0.95（95%）などがわかります．ここではETAを使い計算を考えましたが，実際は計算の効率化を図るため，システム信頼性やブール代数などを援用した方法を使います．

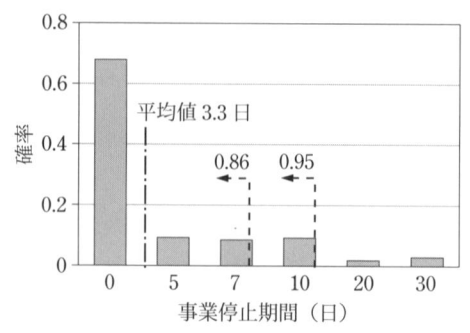

図3.12 生産工場の事業停止期間の確率分布

ここまでは，事業停止期間を求める方法を説明しました．復旧曲線の求め方は，3.9節で説明します．

3.8 弱点を見つけるボトルネック指標

被災する確率と復旧に要する時間をかけあわすと，復旧時間の期待値，つまり平均値が計算できます．これを表3.1のように，被害要因ごとに比較すると，どの要因がボトルネックとなるかがわかります．これをボトルネック指標とよび，大きい順に並べると，そのまま対策の優先順位になります．

さてここで，この生産工場では，目標復旧期間を7日と決めていました．このことから，7日以内に復旧する可能性が86%であることを懸念しています．そこで工場の経営者は，この確率を少なくとも90%以上にしたいと考えています．表3.1のボトルネック指標を見ると，建屋構造のボトルネック指標が0.9と一番

表3.1 ボトルネック指標の計算と比較

設備	被災の発生確率	復旧期間(日)	ボトルネック指標
外部電源	0.12	5	0.6
受変電設備	0.05	10	0.5
建屋構造	0.03	30	0.9
製造設備A	0.02	20	0.4
製造設備B	0.05	10	0.5
生産管理システム	0.10	7	0.7

大きく，その次が生産管理システムの 0.7 となっています．このことから，建屋の補強が第一優先，その次に生産管理システムの対策が必要であることがわかります．

ところが，7日以内に復旧が見込める要素，つまり外部電源と生産管理システムは，実は対策を必要としません．なぜなら，復旧期間7日以内の要素は，対策を実施しようが，しまいが，確率86％にはまったく影響しないからです．つまり，目標復旧期間があらかじめ決められている場合，それ以内で復旧することがわかっている要素は，最初から除外することができるわけです．そこで，外部電源と生産管理システムを除き，改めて表を見ると，建屋のボトルネック指標が 0.9 で最大，受変電設備と生産設備Bのボトルネック指標が 0.5 と続いていることがわかります．これらの情報から，この工場では建屋の補強策と受変電設備に支持補強を行う計画をたてました．対策により，建屋の被災確率は 0.03 から 0.01 に，受変電設備は 0.05 から 0.01 に，それぞれ改善され，結果として7日以内に復旧する可能性は，86％から92％に改善されました．これで当初の目標を達成できたことになります．

企業としての目標復旧期間を決めておくと，目標復旧期間以内に復旧する見込みのある要素は評価対象から省くことができ，地震リスク診断を効率的に進めることができるようになります．

3.9 生産工程の復旧順位がわかる復旧曲線

図 3.11 に示した例は，1 つの製造工程を対象としましたが，複数の生産ラインをもち，複数の製品を生産している工場の方が，むしろ一般的です．このような工場では，特に復旧曲線が有効に利用されます．図 3.13 は 2 つの製品（製品Aと製品B）を生産する製造プロセスの例を示しています．製品Aは売上換算で全体の40％，製品Bは60％とします．図 3.13 a は，実状をシステムとしてモデル化したものですが，生産管理システムの下流側は 2 つに分かれています．このことから，生産管理システムの上流側で不具合が生じると，すべての製品が生産できなくなり，生産管理システムの下流側，たとえば，建屋A棟や組立前工程などに不具合が生じると，製品Aのみ生産できなくなることがわかります．

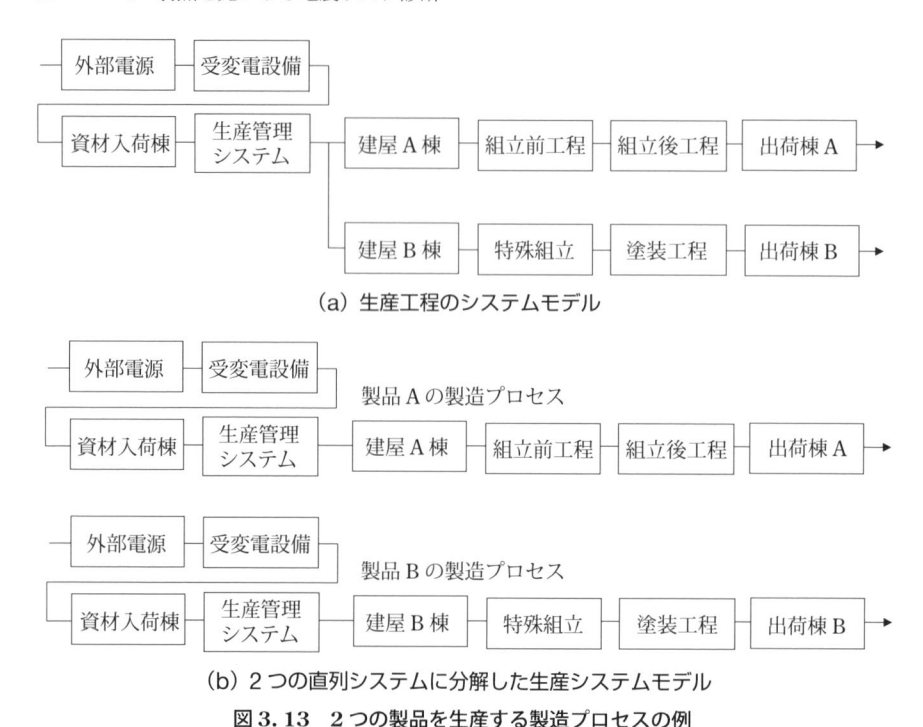

(a) 生産工程のシステムモデル

(b) 2つの直列システムに分解した生産システムモデル

図3.13　2つの製品を生産する製造プロセスの例

そこで，図3.13 b のように，上流側を含めた2つの直列システムに分解します．直列システムに分解したことで，前に説明した方法に則って事業停止期間の確率分布を，製品Aと製品Bの双方計算することができます．そして，それぞれの事業停止期間の平均値が，製品Aは15日，製品Bは22日と計算されたとします．製品Aは売上換算で40%ですから，発災から15日経過すれば，40%の生産は回復することになり，それから7日経過（発災から22日経過）すると，残りの60%の生産が回復し，通常の状態に戻ることになります．これを図化したのが，図3.14の復旧曲線（現状）になります．

図には，目標復旧期間7日と対策を実施した後の復旧曲線も併記していますが，対策の効果を視覚的に把握できることは，防災対策の必要性や実施判断に役立つと思います．

一方，製品種類や製造ラインが多くなると，それに合わせる形で復旧曲線の階段の数は増えていきますが，階段の踏面に相当する部分は，多くの事例で狭くな

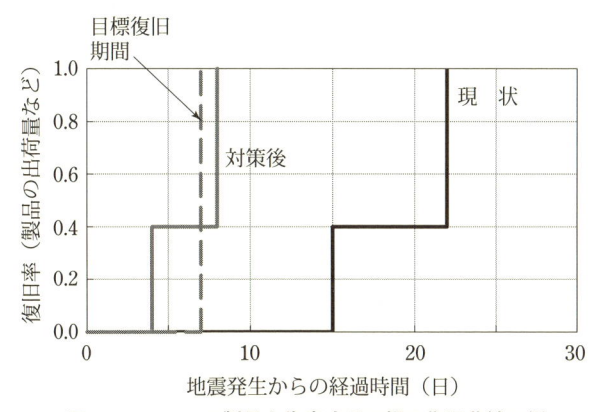

図3.14 2つの製品を生産する工場の復旧曲線の例

る傾向があります．つまり，垂直に立ち上がるケースが多いということです．この理由は，生産工程を極限まで合理化し，無駄のない生産体制を実現しているからです．これは通常時には必要なことですが，被災時には，冗長性がない，ゆとりがないといった，相反する面をもつことになります．図3.13に示したように，生産工程をシステムとしてモデル化し，分析することで見えてくる，興味深い結果でしょう．生産の効率化と災害時の安全確保は，往々にして相反するようです．

3.10 地震リスク診断，その他のメリット

地震リスク診断は，実効性のある防災対策を見出すために行うわけですが，これ以外にも企業にとって良い点が2つあります．ひとつは，工場建屋や製造設備などの耐震性能が，設計図書とともに整理されること，もうひとつは復旧曲線を求めるうえで必要となる生産工程のシステムモデルが，地震以外の自然災害や，製造装置の故障や不具合などのリスク管理にも利用できることです．

まず，工場建屋や製造設備などの設計図書ですが，これは工場ごとに保管，あるいは本社で一括保管など，企業によって保管場所はまちまちです．また，その管理方法も，紙ベースから電子情報までさまざまです．さらに，古い建屋や装置などは，そもそも設計図書や仕様に関する図書がない場合もあります．設計図書を見る機会が少ないことも理由ですが，分類され，整然と保管している企業は少

ないのが実態です．地震リスク診断を実施すると，生産に関わる建屋，装置，各種ユーティリティに至るまで，ほぼすべての有形資産が電子情報として整理されます．この情報は，耐震性能に関する情報，劣化情報，資産価値，再調達に必要な期間など，多岐に渡ります．また，耐震性能に関する情報は，フラジリティカーブ情報のみならず，建屋であれば，地盤のボーリング情報，固有周期，各階重量，剛性率，偏心率，保有水平耐力や構造特性係数など，耐震に関わるすべての情報が整理され，リスト化されます．また，資産価値は再調達価格のみならず，減価償却を考慮した，いわゆる簿価額としても整理されます．このため，整理されリスト化された情報は，防災対策以外のリニューアルや装置の入れ替え，さらに資産管理台帳の一部としても利用できるようになります．

　一方，多くの企業は，生産設備の物理的関係を模したフロー図や表などを所有していますが，生産活動に関わる機能を有機的にモデル化したものはほとんどありません．地震リスク診断に使われる生産工程のシステムモデルは，生産活動に必要な資源の物理的，機能的関連性をシステムとしてモデル化したものです．物を作り，流通させることで糧を得ている企業によっては，企業活動そのものを表現するモデルといえます．このため，地震以外の自然災害，製造装置の故障や不具合への対処，生産の合理化支援などにも活用できます．また，資材や製品の輸送，情報通信などの外部要因を含めることで，サプライチェーンの不具合や情報通信障害などの対策にも利用できるようになります．

4 事業継続計画と地震リスクマネジメント

　企業の地震防災を検討するうえで，事業継続計画（Business Continuity Planning，以下 BCP）の役割に対する期待は高まっています．一方で，現状の BCP の問題点を指摘する意見も散見されます．また，東日本大震災を経て，課題を指摘する提言も出されています．具体的には，「バックアップ施設を設ける前にリスクを軽減する予防策が必要」，「科学的な被害想定技術が活かされていない」，「BCP 策定による具体的効果がわからない」，「代替施設（バックアップ）の費用が確保できない」，「マニュアル通りにはいかない，柔軟な対応が必要」などです．このように課題が指摘される理由はどこにあるのでしょうか．方法論に問題があるのでしょうか．

　本章では，BCP の方法論や考え方に焦点をあて，アプローチの異なる地震リスクマネジメントと比較することで，BCP の課題を整理したいと思います．あわせて，地震リスクマネジメントの特徴を浮き彫りにします．

4.1　BCP の発祥と経緯

　2001 年の米国同時多発テロでは，ハドソン川を隔てたニュージャージー州にバックアップ・サイト（代替のオフィス）を設けていたリーマン・ブラザーズは，いち早く業務を再開させることに成功しました．この経験は，わが国での BCP の認知度を上げるきっかけになったといえますが，その始まりは 1999 年に英国規格協会が発行した情報セキュリティマネジメントシステム（BS7799）にあります．図 4.1 に BCP の経緯を年表形式で示しています．その後，事業全体を包括した概念として，さまざまな組織に対応した事業継続マネジメントシステ

4 事業継続計画と地震リスクマネジメント

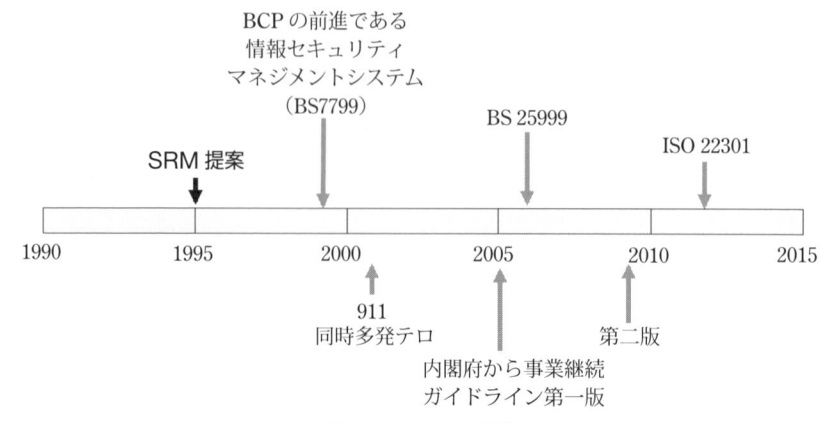

図4.1 BCPの経緯

(タイムライン: 1990—2015)
- SRM提案 (1995頃)
- BCPの前進である情報セキュリティマネジメントシステム (BS7799) (2000頃)
- 911同時多発テロ (2001)
- 内閣府から事業継続ガイドライン第一版 (2005頃)
- BS 25999 (2005頃)
- 第二版 (2009頃)
- ISO 22301 (2012頃)

ム（BS 25999）に発展しました．また，2012年5月には，国際標準化機構（ISO）から，「事業継続マネジメントシステム－要求事項」として，ISO 22301が発行されました．BCPの目的を要約すると，「平常時から緊急時において事業の継続，あるいは復旧を迅速に進めるために，準備，訓練，教育を含め，どのような手順で緊急時対応を行えばよいかを決めておくこと」となります．BCPは自然災害やテロなどの突発的な事象に限らず，感染症，情報漏洩，電力不足など，企業が抱えるさまざまなリスクに対応しようとするものですが，世界的にもまれな地震危険地域に位置するわが国では，地震時の事業継続が特に重要とされています．このため，内閣府から出されている「事業継続ガイドライン」は，地震災害への対応を念頭に置いた内容となっています．地震は突発的に発生し，あらゆる施設や設備が同時に被災し，その範囲は広域に及びます．このため，地震時のBCPは，風水害やテロ，感染症などとは異なり，突発的，広域被災，同時被災といった特異な問題を抱えていることに注意が必要です．この特異性は，BCPの限界と地震リスクマネジメント（SRM）の必要性を暗に示唆しています．

さて，BCP，SRMともに防災・減災を目的としていますが，それぞれのアプローチは大きく違っています．BCPは，原因はともあれ「経営資源が使えなくなった場合にどうするか」，といった結果事象から物事を考える流れが基本にあります．このため，事業停止に至る原因より，事が起きた後の対策，つまり適正な事後対応を重視することになります．一方のSRMは，原因となる事象（ここでは

地震によって物が壊れる）を見出し，そこに対策を施すことで原因から取り除こうとする考え方です．BCPは結果事象型，SRMは原因事象型と，それぞれ分けることができます．

4.2 BCPは結果事象型，地震リスクマネジメントは原因事象型

　結果事象と原因事象の違いについて，製品のリコール問題を取り上げ，わかりやすく説明したいと思います．製造業が欠陥品を出し，その製品が広く出回ってしまった場合，まず，事実を公知したうえで，製品を差し戻します．その後，無償修理，交換，返金などの具体的な対策を実施します．このプロセスを齟齬なく速やかに進められるように，マニュアル化するとします．これが結果事象型の対応になります．一方，なぜこのような欠陥品を出してしまったのか，設計や製造過程，検査過程に至るまで，精緻に調査し，その原因を突き止めます．そして，このような欠陥品を出さないように改善します．これが原因事象型の対応になります．結果事象は問題が起きた後，速やかに終息させるにはどのように行動すればよいか，といったアプローチになり，原因事象は原因を突き止め再び起きないようにするアプローチです．問題を解決するには，それぞれが必要であることはいうまでもありません．

　さて，わが国の製造業には，原因を究明し，改善を繰り返し行い，より良い製品を造り上げてきた文化があります．このことは非常に重要であり，物づくりの原点といえますが，これを裏返せば，より良い製品さえ作れば問題は起きない，堅牢に造っておけば壊れない，といった安全神話へとつながっていきます．これは事が起きた後の対応を疎かにし，事態を悪化させる原因となります．福島の原子力事故対応しかり，企業の不祥事しかりです．同じ轍を踏まないためにも，原因事象と同様に，結果事象の重要性を認識する必要があります．本題に戻りますが，BCPは結果事象型，SRMは原因事象型です．説明にもあるように，それぞれの考え方やアプローチは対極に位置しています．この違いを理解し，整理することが必要です．そして，どちらにも偏重することなく，バランスよく使いこなすことが必要になります．

4.3 現状把握から見た BCP と地震リスクマネジメント

製造業を対象とした BCP と SRM の作業フローを図 4.2 に示します．大地震が発生した際，事業停止は何日に及ぶのか，わが社はどうなるのか，多くの経営者が知りたい情報です．いわゆる現状把握です．

BCP の現状把握では，ビジネスインパクト分析（Business Impact Analysis, 以下 BIA）を推奨しています．BIA は営業活動から受注，製造，製品発送までの各業務プロセスの中で，それぞれ何日以上停止したら企業として深刻な状況（業務の継続が困難になる状況）に至るかをステークホルダーへの影響を含め，見積もります．その際，影響範囲を広くとると，不確定な要因，つまり主観や先入観が入り込むことになるので注意が必要です．まず BIA から，最大許容停止期間やその手前の目標復旧期間などを決めます．あわせて，各業務を行ううえで必要な経営資源の相互依存を分析し，重要な経営資源を選定します．次に，最大許容停止期間，あるいは目標復旧期間までに回復，あるいは調達できない経営資源の被害シナリオを想定します．被害シナリオの想定では，リスクアセスメント（Risk Assessment, 以下 RA）手法を使うこともあります．この手法は想定被害の脅威と発生頻度を分析し，リスクマップ（たとえば，図 1.3）に落とし込むことで，対処すべき想定被害を把握します．BIA → RA →被害想定などの一連の作業が，BCP における現状把握のプロセスです．現状把握が完了すると，たとえば「交通網が寸断され目標復旧期間までに物品輸送ができない」などの想定被害に対処

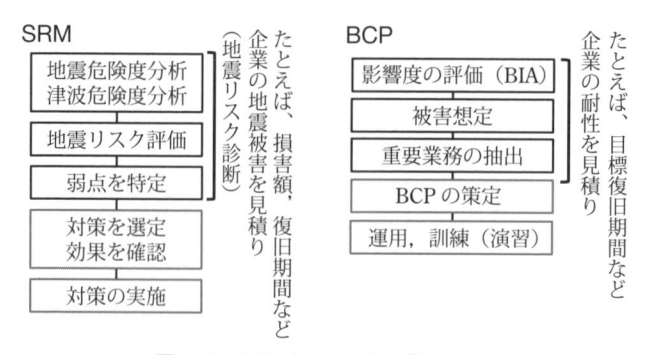

図 4.2　BCP と SRM の作業フロー

SRM:
- 地震危険度分析／津波危険度分析
- 地震リスク評価
- 弱点を特定
- 対策を選定 効果を確認
- 対策の実施

（たとえば，企業の地震被害を見積もり（地震リスク診断））

BCP:
- 影響度の評価（BIA）
- 被害想定
- 重要業務の抽出
- BCP の策定
- 運用，訓練（演習）

（たとえば，企業の耐性を目標復旧期間など見積もり）

するためのBCPを検討することになります．

　SRMでは，現状把握は地震被害を見積もる作業が中心になります．この作業は地震危険度の分析，地盤増幅，施設の耐震耐力の評価など，地震リスクの定量化方法に則り，科学的に進められます．いわゆる地震リスク診断です．その際，地震被害が大きくなる原因はどこにあるのか，これを客観的に探れるように配慮します．このことは，原因事象型のSRMの特徴といえます．リスクとして数値化するのは事業停止期間，財物損失額，逸失利益などです．逸失利益には，ブランド価値や株価の低下，市場の喪失など客観的に捉えることが難しい項目については考慮しません．これらは不確定な要素が大きく，評価する人の先入観や恣意性が入り込む余地があるからです．SRMでは，あくまでも客観的な情報を提供し，経営者の意思決定を支援する立場を堅持しています．

　BCPの現状把握は，業務プロセス，財務，ステークホルダーへの影響などを踏まえ，企業としてどこまでなら耐えられるか，といった企業の耐性を見積もる作業が中心になります．これは問題が起きたとき，終息しなければならない目標時期を企業の耐性からさかのぼって見積もる，結果事象型の特徴的なアプローチといえます．一方のSRMは，事業停止期間や損害額など，地震被害を見積もる作業が中心になります．これは，どこが弱いか，どこに問題があるのかなど，原因を突き止めることを優先する原因事象型の特徴といえます．

4.4　被害想定から見たBCPと地震リスクマネジメント

　BCPの作業フロー（図4.2）にある被害想定は，一般的には経営資源の喪失や，目標復旧期間までにその資源を調達できない原因，いわゆるインシデントを想定する作業です．東日本大震災の経験を踏まえたBCPの有効性への提言[1]では，「想定を超える事態に対処できなかった」，「被害想定が甘かった」，といった指摘が多く見られます．これを受け，被害想定では，最悪と考えられる状況を想定する傾向が強まっています．たとえば「ある生産ラインが壊滅的な被害を受ける」，「イ

---

1) BCI（The Business Continuity Institute；事業継続協会）日本支部，東日本大震災後の教訓を踏まえた事業継続マネジメント（BCM）有効性向上への提言，p. 126, 2011.

ンフラの被災により資材や製品の輸送は1カ月間停止する」,「金型が破損し再調達に6カ月要する」といった具合です.一見乱暴な想定のように見えますが,あながち否定することはできません.なぜなら,BCPは結果事象型ですから,最悪を想定しておけば被害の見積りを誤ることはなく,結果として確かな事業継続に資するからです.しかしながら,特に製造業の場合は,最悪の被害想定を前提にすると現実的な対策から乖離してしまいます.製造業の経営資源は工場建屋や製造設備,ユーティリティなど,いわゆる製造のための有形固定資産が主を担うため,最悪の事態を想定すると「バックアップの製造ラインを別途設けておく」,「金型を別途用意しておく」,といった高コスト対策に至ってしまうからです.情報セキュリティのマネジメントでは,バックアップの情報センターやデータ管理はよくある対策です.しかし,このような対策を製造業にそのまま転用するのは,経済的にも現実的とはいえません.

　さて,SRMではイベントツリー解析を使い,さまざまな被害形態とその発生確率を推計します.たとえば,イベントツリー解析の結果,建屋倒壊といった最悪の事態の発生確率が3%,無被害ならびに軽微な被害の可能性は97%であったとします.最悪を想定するBCPに従えば,「建屋倒壊」といった状況を想定することになりますが,これは3%を100%と見込むことになり,あきらかに過剰な想定といえます.その結果,必ずしも経済的とはいえない対策が選ばれてしまいます.現実的で,経済的な対策を検討するには,さまざまな被害形態を漏れなく想定し,あわせてその発生確率を推計する必要があります.

　これまでの地震災害を振り返ると,地震災害が起きるたびに,新たに生じた脅威と対峙する構図が繰り返し起きています.これは社会や企業が日々変容し,それとともに,被害の様態が変化していることに原因があります.私たちの防災・減災技術は,地震災害の経験と教訓を学習し,確かに向上してきましたが,社会や企業の変容に応じて発生する新たな被害の様態を予見する努力を怠ってはいけません.そのためには,一定の科学的根拠のもとで,可能性のある被害シナリオを網羅的に想定することが必要になります.またこれは,現実的で経済的な対策を見出す素地となります.

4.5 防災・減災対策から見たBCPと地震リスクマネジメント

さまざまな地震対策を系統的に分類したものを図4.3に示します．まず，原因事象型の対策について見ていきましょう．これは建物や設備の補強，防消火設備の拡充，製造設備やユーティリティの冗長性確保など，被害を起こさない，あるいは抑制する対策です．費用はかさみますが効果は高く，確実な対策といえます．さらに，バックアップ機能の整備や在庫調整などを含め，一般的にハード対策とよんでいます．一方，結果事象型の対策は，バックアップ機能の整備や在庫調整などを除けば，事後対応や人々の行動の適正化を促す対策になります．これらはソフト対策とよばれています．ソフト対策は，二次的に発生する火災・延焼，危険物質の漏洩などを防ぎ，人命救助や事業再開の早期化などにも役立つと考えられています．金融対策は，被害の発生を抑止することはできませんが，一定のコストを他者に支払い，損害額を肩代わりしてもらうことで，経営上（財務上）のリスクを減らすことができます．

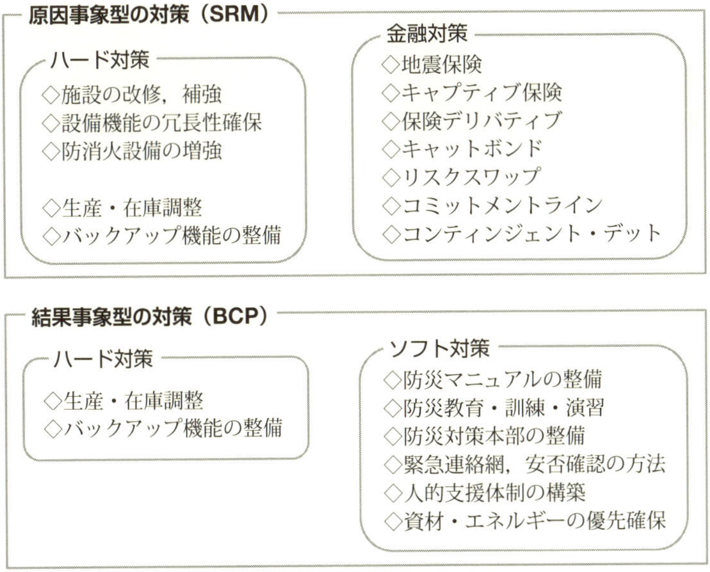

原因事象型の対策（SRM）

- ハード対策
  - ◇施設の改修，補強
  - ◇設備機能の冗長性確保
  - ◇防消火設備の増強
  - ◇生産・在庫調整
  - ◇バックアップ機能の整備

- 金融対策
  - ◇地震保険
  - ◇キャプティブ保険
  - ◇保険デリバティブ
  - ◇キャットボンド
  - ◇リスクスワップ
  - ◇コミットメントライン
  - ◇コンティンジェント・デット

結果事象型の対策（BCP）

- ハード対策
  - ◇生産・在庫調整
  - ◇バックアップ機能の整備

- ソフト対策
  - ◇防災マニュアルの整備
  - ◇防災教育・訓練・演習
  - ◇防災対策本部の整備
  - ◇緊急連絡網，安否確認の方法
  - ◇人的支援体制の構築
  - ◇資材・エネルギーの優先確保

図4.3　さまざまな地震対策と分類

結果事象型のBCPでは，発災後の人々の行動や適切な事後対応を促す対策が中心になります．ところが，事後対応はある事態が起きたらこのように行動する，といった約束事になりますが，計画通りに事が運ぶとは限りません．また，実際に発生する災害が，日頃から実施している訓練や防災教育の範囲内であるとは限りません．想定を超える事態や予期せぬ事態が起きると，人々は混乱し，かえって被害を拡大するような事態も考えられます．事実，東日本大震災の経験から「マニュアル通りにはいかない，柔軟な対応が必要」と主張する事業者が多くありました．地震災害は広域・同時被災といった特異な災害であるため，致命的な被害に至らないような事前の対策が重要になります．この点，事後対応には一定の限界があることを認識しなければなりません．

　一方，SRMは原因事象型ですから，被害を起こさないようにするハード対策が中心になります．東日本大震災での生産施設の被災状況を調査した研究[2]によると，地震動はそれほど大きくなくても（震度5程度），素材・エネルギー関連施設は20日程度，自動車・機械の生産施設は10日程度，操業が停止している，と報告しています．主な原因は，建屋や製造設備の損傷であり，このため補強対策が重要であると論じています．また，震災後，高速道路や新幹線が早期に再開し，救援や復興に貢献したことは記憶に新しいと思います．これは地道に行ってきた補強対策によるところが大きいといえます．耐震補強に代表される原因事象型の対策は，確かな効果を期待できます．

　SRMでは，金融対策も重要な対策と位置づけています．具体的には，逸失資産額，逸失利益などを定量的に推計し，これを財務諸表に取り込む，いわゆる財務影響分析を行います．この分析によって，被災期末の流動比率，当座比率，自己資本比率，ROAなどの業績指標を求め，運営資金や再建資金などの必要資金を把握します．これにより地震保険の設計や，必要資金の範囲などを設定することができます．

---

[2] 奈良岡浩二，高橋郁夫，2011年東北地方太平洋沖地震における生産施設の被災状況分布，東日本大震災からの教訓，日本建築学会，pp. 491-494，2012.

4.6 対策の種類によるリスク低減効果

ハード対策，金融対策，ソフト対策それぞれが，地震リスクの軽減にどのように寄与するか，この点を掘り下げたいと思います．図4.4に示しているのは，対策の種類によって異なるリスク軽減効果を概念的に比較したものです．地震リスクは，事業停止期間，逸失利益，財物損失ですが，財物損失は除去損，再建費の2つに分けて表します．除去損は，地震によって失われた建物や製造装置を貸借対照表から除く際の金額です．つまり減価償却などで下がっている資産価値，いわゆる簿価額を差し引くわけです．一方の再建費は失われた建物や製造装置を改めて買い足すための費用です．貸借対照表上での資産の扱い方は，5章で詳しく説明することにして，ここでは財物損失には2つの側面があることを理解してください．

さて，図4.4の見方ですが，まず左上の事業停止期間を見ると，ハード対策によって現状の事業停止期間は図のように下げることができます．ところが，金融対策では，事業停止期間そのものを下げることはできません．このため，金融対策を行ったとしても事業停止期間に変化はありません．また，ソフト対策（事後

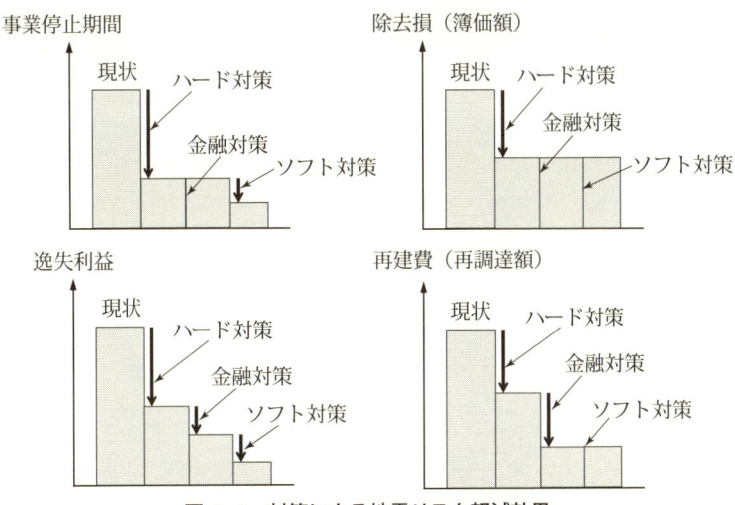

図4.4 対策による地震リスク軽減効果

対応）は，事業の早期再開に寄与するものの，ハード対策に比べればその寄与はわずか，ということになります．地震による事業停止は，物が壊れることが原因ですから，壊れないようにする事前のハード対策の方がより効果的だからです．逸失利益を見ると，金融対策によって損失補填ができるので，逸失利益は下がっています．右上の除去損を見てください．除去損を下げる対策はハード対策のみとなります．その他の対策では，除去損を下げることはできません．右下の再建費については，金融対策で得た資金でまかなうことができるので，その効果は十分あります．しかし，ソフト対策には除去損も再建費も下げる効果はありません．除去損，再建費ともに，建物や製造装置が壊れることによって起こる損害ですから，ソフト対策は，この種の損害を減らすことはできません．

BCPは，自然災害やテロなどの事象に限らず，感染症，情報漏洩，電力不足など，企業が抱えるさまざまなリスクに対応しようとするものですが，突発的に物が壊れる地震災害では，被害を水際で食い止めることができるハード対策が，もっとも有効であることがわかります．特に製造業は，有形の固定資産を多くもち，物を作ることで糧を得ているわけですから，原因事象型のSRMは，より有効であることは間違いありません．一方で，感染症，情報漏洩，電力不足などは，突発的に物が壊れるようなことはありません．したがって，原因事象型より，むしろ結果事象型のBCPの方がよりなじむ，といえるでしょう．

BCPとSRMを対策面から見てきましたが，大事なことは，どのような経営資源で事業活動をしているのか，事業の実態を整理することです．また，自然災害やテロ，感染症や情報漏洩など，対象とするリスク事象は何か，その結果どのような経営資源が失われるのか，これらによって，結果事象型に傾注すべきか，原因事象型に軸足を置くべきか，対策のあり方は変わってきます．このバランスを考え，上手に使いこなすことが，企業のリスク管理に必要ではないでしょうか．

4.7 BCPと地震リスクマネジメントのハイブリッド

BCPを進めるうえで，若干の違和感を覚えた企業は少なくないと思います．これは結果事象型のBCPに，原因事象型の対応もあわせて期待しているからではないでしょうか．事実，製造業の多くが「バックアップ施設を設ける前に，被

害を抑止する予防対策が必要」と主張しています．しかし，予防対策を，結果事象型のBCPに期待すべきでないことは，これまでの話から理解できると思います．このような誤解は，BCPがあたかも防災の万能薬のような説明を行ってきたことに，問題の一端があったと考えられます．

SRMには，現状把握の中に事業停止期間の算定作業が含まれています．これは，業務再開に至る経時的な過程を描画した，いわゆる復旧曲線を具体的に求める作業です．ところが，BCPでは復旧曲線を概念として捉え，科学的に計算する枠組みになっていません．このことは，「科学的な被害想定技術が活かされていない」[3]，「BCP策定による具体的効果がわからない」など，BCPの問題点が指摘される一因といえるでしょう．

以上を踏まえたうえで，BCPとSRMの違いを表4.1にまとめたので参照ください．

表4.1 BCPとSRMの違い

	BCP	SRM
アプローチの方法	事後どうするか結果事象型	原因を取り除く原因事象型
現状把握	企業の耐性を見積もる	地震の損害を見積もる
被害想定	最悪のシナリオを特定	様々な被害シナリオとその可能性
主な対策	ソフト対策（事後対応）	ハード，金融対策（事前対策）

さて，事後行動の適正化を促すソフト対策は，事前の防災訓練や教育をいかに実施したかに関わってきますが，防災訓練などで疑似的に被災を経験することは，防災意識を高める意味でも重要になります．またコストはあまり必要としません．このような観点から対策のあり方を考えると「効果が確かなハード対策を適所に実施する，あわせてソフト対策をしっかり準備し，資金面で心配なら金融対策を行う」といったように，大まかではありますが，対策の優先順位が見えてきます．対策の優先順位は，防災対策を無駄なく進めるうえで不可欠です．

一方，製造業にとっては，地震被害の原因を断ち被害を軽減したい，と考えるのは当然の目標です．また，期せずして発生した経営資源の喪失を速やかに回復

---

[3] 土木学会地震工学委員会 地震リスクマネジメントと事業継続小委員会, SRMとBCPの現状と課題, 地震リスクマネジメントと事業継続シンポジウム報告集, pp. 99-170, 2009.

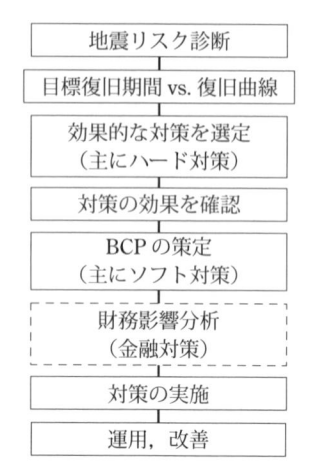

```
┌─────────────────┐
│  地震リスク診断  │
├─────────────────┤
│目標復旧期間 vs. 復旧曲線│
├─────────────────┤
│  効果的な対策を選定  │
│  （主にハード対策）  │
├─────────────────┤
│   対策の効果を確認   │
├─────────────────┤
│     BCP の策定      │
│  （主にソフト対策）  │
├─────────────────┤
│    財務影響分析     │
│    （金融対策）     │
├─────────────────┤
│    対策の実施      │
├─────────────────┤
│    運用, 改善      │
└─────────────────┘
```

図 4.5 製造業の地震防災・減災を目指したプログラムのフロー

させたいと考えるのも当然です．つまり，企業の期待に応えるには，結果事象型と原因事象型をバランスよく組み合わせた，総合的な対応をとることが望ましいわけです．そのためには，BCP，SRM 双方の良いところを組み合わせてはどうでしょうか．以上を踏まえ，企業の防災・減災を支援する新たなプログラムを図 4.5 に示します．

地震によるわが身の状況を客観的に見るため，まずは地震リスク診断を実施します．目標復旧期間と復旧曲線を図 3.10 のように突き合わせ，比較します．復旧曲線と目標復旧期間の乖離が大きい場合には，乖離を埋めるため，耐震補強などのハード対策を選定し，対策によって改善された復旧曲線と目標復旧期間を比較します．効果が確認できたら，対策に必要な費用を睨みつつ，ハード対策の実施判断を行います．

次に BCP 策定へと進みます．このとき，ハード対策とソフト対策を独立に考えるのではなく，たとえばハード対策はここまで対応し，その残余をソフト対策で対応するなど，相互の役割や影響を考え，検討するのがポイントです．財務影響分析と金融対策の検討は，必要に応じて実施するのが望ましいでしょう．運用，改善では，ハード対策の実施確認，計画書やマニュアルの文書化，チェックリスト作成，教育・訓練の実施など BCP の手順に従い進めます．

図に示したフローは，事業継続プログラムに地震リスク診断手法を組み入れた，

いわゆるハイブリッドモデルです．地震時の事業継続に資する合理的なプログラムと考えます．

4.8 企業のレジリエンシと事業継続

東日本大震災以降，災害時における企業のレジリエンシの強化を主張する論説や提言が多く出されています．レジリエンシは，「粘り強い回復力」という意味になりますが，語源としては，さまざまな外乱に対する生態が持つ回復能力，ということになります．一見すると予防策である原因事象より，事後対応である結果事象をより重要視する考え方のように受け止められますが，限度を超えた損害を受けるとなると，状況によっては自力回復そのものが頓挫するケースも考えられます．粘り強い回復力を発揮するには，ある程度の被害は許容しても，致命的な被害だけは回避しなければなりません．そのためには，致命的な被害の種を見つけ，その種を取り除いておく必要があります．安全に絶対を求めても，それは不可能であり，またお金がいくらあっても足りません．許容できる被害のレベルを認識し，それ以下に収まるような事前対策を確実に実施することが必要になります．レジリエンシは，このような事前対策を含めた防災の理念といえます．

地震災害は広域・同時被災です．また，高度に組織化された社会では，被害は連鎖的に広がり拡大していきます．致命的な被害が起きる原因を見つけ，そこを改善するという発想は，忘れてはならない防災の基本です．またこれは，被害の拡大を抑え，復旧を早期化するための強力な支援対策になります．原因事象，結果事象，それぞれの目指すところをうまく組み合わせることが，真の事業継続に必要なのではないでしょうか．

5 財務影響分析と防災目標

　近年,事業停止期間に目標を設ける企業が多く見られます.たとえば,比較的よく起きる地震では事業は継続する,まれな巨大地震では2週間を目標とする,などです.このこと自体は大変意味のあることですが,その根拠は何かと聞くと「同業他社がそのようにいっているから」,「おおよそこの程度であると考えている」など,明確な理由に基づいて判断しているようには思われない答えが返ってきます.防災の目標は,業種,企業に課せられた社会的要請,自然環境,さらに財務状況など,極めて固有性の強いものです.自社の置かれている環境や財務状況を勘案し,合理的な防災目標を設定する必要があります.

　本章では,特に財務影響分析によって防災の目標を設定する方法を説明します.また,企業のステークホルダーを含めたさまざまな外部要因によって,防災目標を決めなければならない実態も紹介します.

5.1　防災目標は具体的に決める

　防災や減災を実現するには,方針をあきらかにしたうえで,方針に沿った実現可能な目標を具体的に設けることが必要です.そして,目標を体現するための手段として,さまざまな地震対策があります.その中で,どの対策が経済的合理性に適っているか,これを導き出すのが,地震リスクマネジメントになります.

　目標を決めるにあたり,企業としてここまでなら受け入れることができる,どこまでなら耐えられる,といった受容できるリスクを把握する作業が必要になります.そのとき,ハードルを高くすると非現実的な対策となり,低く設定すると発災後の企業活動を危うくすることになります.それでは,そのハードルはどの

ように決めればよいのか，これが問題となります．

　BCPでは，ハードルを知るための手段として，ビジネスインパクト分析（BIA,p.60参照）という方法を使います．これは営業活動から受注，製品製造，製品発送までの各業務プロセスの中で，それぞれが何日以上停止したら企業として深刻な状況（業務の継続が困難になる状況）に至るか，をステークホルダーへの影響を含め，見積もる方法です．しかし，この方法はあれも影響する，これも影響するなど，とめどなく評価範囲が広がる傾向があり，必然的に不確定な要因が入り込む余地が増えてしまいます．不確定性な要因とは，予想はできるけれど，計量的に記述することが困難な事柄を意味します．このため，主体者（経営者など）がハードルを決める前の段階，つまり評価・分析の段階で，評価者の経験的な予想や，場合によっては恣意性などが入り込んでしまいます．このことがすべて悪いとはいいませんが，経験則的な判断は，やはり主体者の特権として残しておくべきでしょう．

　地震リスクマネジメントは，科学的で客観的な情報を提供し，主体者の意思決定を支援する，という考え方があります．これは，根拠を明確に説明できる（客観的），だれが評価しても同じ結果になる（科学的）という意味が含まれています．そして，客観的な情報を提供された主体者は，自身の経験や知見などを加味し，最終的な判断を行うことになります．意思決定のための情報は，科学的で客観的であることが望ましいと考えます．

　地震リスクマネジメントでは，防災目標を設定する場合，科学的な視点と経営リスクの管理，という2つの視点に留意します．この2つの視点から具体的な防災目標を見出すために，地震リスク診断と財務諸表を活用した財務影響分析があります．財務諸表には，企業の健全度や経営リスクを管理するための情報が数多く盛り込まれています．財務諸表を利用し防災目標を設定することは，経営リスクの管理という視点からは，理に適った方法といえます．

　さて，財務影響分析ですが，これは発災後，運営資金の枯渇，債務の不履行などが憂慮される場合，発災時の期末に現金あるいは現金同等物がどれほど不足するのか，どの程度の資金調達を考えておかなければならないか，などを把握するための方法です．この財務影響分析とストレステストを併用します．ストレステストは，経済，原子力，機械や電気，生物など，広い分野で活用されている方法

ですが，一言でいうと，検体に不利な状況（ストレス）を課していき，どこまで課したら基準値を超えるか，あるいは健全な状況を逸脱するかを見極める方法です．つまり，財務諸表にストレスを加えていき，どこまでかけたら債務を履行できなくなるかなどを見極めるのです．ここでいっているストレスは，地震による財物損害額，逸失利益など，いわゆる地震リスクになります．

5.2 財務から見た地震被害

　財務諸表，いわゆる決算書は，貸借対照表，損益計算書，キャッシュフロー計算書の3種から構成されます．キャッシュフロー計算書は上場企業を対象に2000年より組み入れられたものです．以下CF計算書とよぶことにします．また，上記の財務諸表に加え，2006年より株主資本等変動計算書が加わり，近年では財務4表とよぶようになりました．さて，財務影響分析は，現金あるいは現金同等物が不足し，運営資金の枯渇や債務不履行などが発生するか，といったことを把握するために行います．したがって，財務状況を把握するための各種業績指標の中で，特に流動比率，当座比率，自己資本比率，あるいは現金あるいは現金同等物などを見ることになります．このため，純資産の各項目の変動や連続性を細かく把握するための株主資本等変動計算書は必ずしも重要ではありません．そこで，財務影響分析では，地震が発生した期末の貸借対照表，損益計算書，CF計算書を推計し，業績指標を計算することになります．

　さて，地震リスクは，財物損失額と逸失利益（営業損失ともいう）に分けられますが，財物損失額は建屋や製造設備などの有形固定資産の損失と，仕掛品や在庫品などの流動資産，特に棚卸資産の損失からなり，それぞれ扱い方が異なるので注意が必要です．まず，有形固定資産については，施設の再調達価格（再建するのに必要な費用，時価と同じ）と簿価上の価格とは一致しません．これは，貸借対照表の資産価値は減価償却によって当初の資産価格より目減りしていること，物価の上昇，下落によって建設当初の再調達価格は変化していること，この2点が原因となっています．地震リスク診断で求められた財物損失額は，再調達ベースの損失額に加え，貸借対照表から差し引く除去損（簿価上での逸失資産額）も計算しなければなりません．つまり，有形固定資産の財物損失額は，再調達ベー

スと簿価ベースの2つが必要になります．また，仕掛品や在庫品などの流動資産は，少なくとも1年以内には換金できる資産ですから，再調達ベースの損失額だけで事が足ります．まとめると，表5.1のようになります．

表5.1 財務影響分析に必要な財物損失額

施　設	分　類	再調達ベース	簿価ベース
建屋，製造設備など	土地を除いた有形固定資産	○	○
仕掛品，製品など	棚卸資産	○	—

また，壊れた施設を再建するまでに要する期間は生産活動ができません．逸失利益は，この間に稼ぐことができた利益に相当します．基本的には，事業停止日数に一日あたりの売上高などを乗じて求めますが，事業停止が長期に及ぶ場合には，何らかの付加的損失を考慮する必要があります．逸失利益の留意点として，生産活動が行えない期間は売上の減少とともに，原材料費や光熱費，外注費なども減ることになります．つまり，製造原価は下がることになります．ただし従業員への給料は支払わなければなりませんし，また，生産を行っていなくても支払わなければならない経費はあります．このため費用の種分けには注意が必要です．一般的には，粗利益や売上総利益が近いと考えます．

5.3　財務影響分析の手順

財務3表は，それぞれ連動しています．そこで，3表を連結させ，一括して分析すると間違いが少なくなります．連動する項目は，まず貸借対照表の借り方と貸し方とが一致します．これはいうまでもありません．また，損益計算書の税引後当期純利益と貸借対照表の資本の部にある繰越利益剰余金も連動項目です．また，貸借対照表の流動資産の部にある現金・現預金とCF計算書の現金・同等物期末残高も連動項目になります．これら3つが常に一致することで，3表は均衡することになります．図5.1に財務影響分析の手順を示すので，参照ください．

財務影響分析の手順として，まず① 直近の財務3表を参照し，ベースとなる財務諸表を設定します．ベースとなる財務諸表は，直近のものをそのまま使うこともできますが，今後の事業計画などを反映させた将来の財務諸表を推計するの

5.3 財務影響分析の手順

① ベースとなる財務諸表の推計
② 除去損（逸失資産）を考慮
③ 逸失利益を考慮
④ 再建費を考慮
⑤ 各種の業績指標の計算

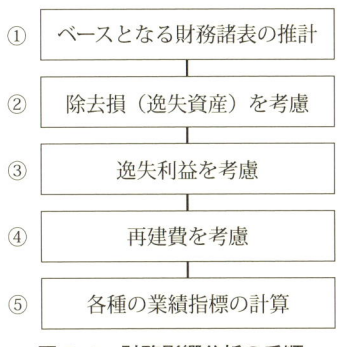

図 5.1　財務影響分析の手順

も一案です．その場合，外生的な要因や企業の内部事情などを勘案し，楽観的，悲観的などを加えた数ケースの財務諸表を準備するのが望ましいでしょう．

ベースとなる期末の財務諸表ができたところで，この期中に運悪く地震が発生したと仮定します．最初に，② 財物損失のうち，まずは除去損（逸失資産）を計上します．その際，損壊した有形固定資産については簿価上の価値を，損壊した仕掛品や在庫品については逸失棚卸資産としての再調達価値を，それぞれ負計上，つまり差し引くわけです．損益計算書では，資産の除去損として特別損失に計上します．この段階ではお金の出入りはないので，CF計算書は基本的に変化しません．ただし，法人税が減ることもあり，この場合は営業活動CFが増加します．

次に③ 逸失利益を考慮します．逸失利益は，生産できない期間の売上減を当初の売上から負計上します．生産できない期間の製造原価（資材費や外注費など）も負計上します．このとき，売上総利益などから一括して負計上するのもよいでしょう．ただし，人件費の扱いには注意が必要です．逸失利益を考慮することで，損益計算書とCF計算書の営業活動CFの値が変化（悪化）します．その結果は貸借対照表にも影響します．このとき，法人税が減ることにも注意します．また，間違いのないように財務3表の連動項目が一致するよう気を付けます．

④ 再建費を計上します．再建費は，壊れて使えなくなった施設を元に戻す，いわゆる復旧するための費用であり，新たな設備投資と位置づけることができます．建屋や製造設備といった有形固定資産が主な対象になります．貸借対照表では，流動資産が固定資産に移動することになり，CF計算書では，固定資産取得

分として投資活動 CF に計上されます．損益計算書には特段変化はありません．ここで問題が生じるのは，流動資産の中の現金ならびに現預金に，再建に必要な費用が無い場合です．無い袖は振れないので，外部から調達しなければなりません．通常は，地震保険や代替の金融対策から調達しますが，発災後に資金調達しようとして銀行に駆け込んでも，貸してくれるとは限りません．理由は，地震で疲弊しているわけですから，貸したお金が戻る保証はないと，金融機関は考えるからです．現金ならびに現金同等物が不足することが予想される場合には，事前の金融対策が必要になります．最後の⑤業績指標は次節で説明します．

5.4 財務諸表から業績指標をみる

　経営戦略を練るには，企業の経営状態や財務状況を把握する必要があります．また，外部から広く資金を調達するには，経営の実態をあきらかにしなければならず，財務諸表の開示が必要になります．このようなとき，財務状況を端的かつ客観的に測る指標として業績指標なるものがあります．近年は，債権者を含めた資金提供者重視の傾向があり，資金提供者の投資効率を表す指標が重要視されています．たとえば，ROE（Return on Equity），ROA（Return on Asset），FCF（Free Cash Flow），企業価値，EBIT（Earning Before Interest & Tax），CFROI（Free Cash Return on Investment）などです．しかし，これら指標は，常時の事業活動において，投資家が投資対象として適切かどうかを判断するためのものであり，地震で疲弊しているような非常時の適性を判断するものではありません．ここでの業績指標は，発災後，当面の企業運営をどうするか，運営資金は枯渇しないか，といった内部からの視点で見ていく必要があります．そこで，流動比率，当座比率，現金ならびに現金同等物，自己資本比率などが重要になってきます．

　流動比率は，流動資産を流動負債で除したもので，企業の債務に対する支払い能力を示すものです．理想的には 2.0（200％）程度がよいとされていますが，国内では，1.2〜1.5 程度の企業が多いようです．発災時には，少なくとも 1.0 以上は保持している必要があります．また，分子の流動資産をさらに厳しく査定した指標として当座比率があります．当座比率の分子には現金，預金，受取手形，売掛金，有価証券など，ほぼ確実に換金できる資産を対象にします．発災時には，

当座比率は少なくとも0.8以上は確保されている必要があります．なお，一般的には，流動比率が1.0を下回っていても資金調達の目途が立っている場合や，現金商売の会社では，支払能力において問題はないと考えられています．しかし，地震災害という非常事態に置かれていることを念頭に置く必要があります．

　資本（純資産）を総資産額で除したものを自己資本比率とよびます．これを1.0から引いたものは負債比率になります．自己資本比率は企業財務の健全性の尺度として用いられることがあり，金融対策を行ううえでも，重要な業績指標の一つになります．たとえば，自己資本比率が低いと，毎期の返済負担が経営を圧迫することになり，たとえ十分な収入があっても利益はわずか，ということになります．また，金融対策を計画するにしても，返済義務を負うような，いわゆる借入としての資金調達は難しいことになります．たとえば，コンティンジェント・デット，コミットメントラインなどの金融対策がこれに相当します．一方，自己資本比率が高い（負債比率が低い）と，利払いなどの返済義務がないため，たとえ収入が少なくとも，安定した利益（経常利益）をあげることができます．金融対策を計画する際，借入策も採れることになり，選択肢は広がります．

　図5.1に戻りますが，図の⑤では，流動比率，当座比率，現金ならびに現金同等物，自己資本比率などを計算します．その結果，流動比率が1.0，あるいは当座比率が0.8を下回るようでしたら，何らかの資金調達を検討しなければなりません．また，自己資本比率が著しく低下するようでしたら，有利子負債とならないような金融対策を考えなければなりません．次に，金融対策の範囲，つまりいくら調達しなければならないか，ですが，これは流動比率1.0，あるいは当座比率0.8以上になるように，不足資金を充足すれば求められます．そして目標を達成するための資金は，他人資本か，自己資本か，あるいは双方を組み合わせるか，いろいろ方法があります．また，資金調達の枠を多くとると，調達コストも高くなります．このような判断には，その後の経営戦略を見据えた慎重な検討が必要になります．

5.5　財務影響分析の具体例

　製造業を対象に財務影響分析を具体的に計算してみましょう．表5.3～5.6に，

図5.1の①～④の手順に従った財務諸表を示します．対象は製造業です．紙面の都合上，損益計算書と貸借対照表の2つを示しています．また，変化が少ない収支項目や後述する業績指標に影響の少ない収支項目は省いています．表5.3はベースとなる財務諸表，表5.4は除去損（逸失資産）を考慮，表5.5は逸失利益を考慮，表5.6は再建費を考慮したものです．まず，表5.3のベースとなる財務諸表を見ると，自己資本比率は0.37，流動比率は1.54，財務状況は比較的よい状況といえるでしょう．この期にシナリオ地震が発生したと仮定します．表5.2は，地震による企業総体としてのリスクを財務影響分析用にまとめたものです．財物損失額は再調達ベースと簿価ベースの2つを用意します．事業停止による逸失利益は，売上減，製造原価のうち，材料費などの買入れ減，ならびに外注費減を用意しています．

最初に除去損を計上します．これが表5.4になります．表5.3と比較し変化した項目を灰色で示しています．表5.2のリスク情報のうち，有形固定資産の簿価ベース50と棚卸資産の再調達ベース（実損）20の損害を除去損として差引きます．除去損の合計70は特別損失に計上します．なお法人税は，税引前当期純利益の40％としています．

次に，逸失利益を計上します．これが表5.5になります．表5.4と比較し変化した項目を灰色で示しています．売上，材料費等，外注費が減っていますが，損益計算書では，材料費と外注費が減ると，営業利益は増えることになり，結果として営業利益の損失は20となります．余談ですが，材料費や外注費が減ることは，

表5.2 財務影響分析用の地震リスク情報

財物損失額

施 設	分 類	再調達ベース	簿価ベース
建 屋	有形固定資産	100	20
製造設備	有形固定資産	110	30
仕掛品，製品など	棚卸資産	20	—

逸失利益

事業停止期間	分 類	増減分
30日	売上	160
	材料費等	120
	外注費	20

表5.3 ベースとなる財務諸表

損益計算書（P/L）

売上高		1,800
売上原価		
	材料費等	1,300
	人件費等	60
売上総利益（粗利）		440
販売費および一般管理費		
	役員報酬	5
	外注費	200
	原価償却費	20
	その他	70
営業利益		145
営業外収入		5
営業外支出		10
経常利益		140
特別利益		—
特別損失		—
税引前当期純利益		140
	法人税等	56
当期純利益		84

貸借対照表（B/S）

流動資産		694	流動負債		450
	現金・現預金	634		支払手形・買掛金	100
	買取手形・売掛金	20		短期借入金	300
	有価証券・その他	—		未払い費用	50
	棚卸資産	40		その他	—
	その他	—			
有形固定資産		420	固定負債		250
	土地	40		社債	—
	建物	180		長期借入金	250
	設備機器	200		その他	—
無形固定資産・投資等		—	純資産		414
	投資有価証券	—		資本金	50
	子会社株式・出資	—		資本剰余金	80
	その他	—		利益剰余金	284
				利益準備金	200
				繰越利益剰余金	84
資産合計		1,114	負債・純資産総額		1,114

自己資本比率	0.37
流動比率	1.54

表5.4 除去損を考慮

損益計算書（P/L）

売上高		1,800
売上原価		
	材料費等	1,300
	人件費等	60
売上総利益（粗利）		440
販売費および一般管理費		
	役員報酬	5
	外注費	200
	原価償却費	20
	その他	70
営業利益		145
営業外収入		5
営業外支出		10
経常利益		140
特別利益		—
特別損失		70
税引前当期純利益		70
	法人税等	28
当期純利益		42

貸借対照表（B/S）

流動資産		702	流動負債		450
	現金・現預金	662		支払手形・買掛金	100
	買取手形・売掛金	20		短期借入金	300
	有価証券・その他	—		未払い費用	50
	棚卸資産	20		その他	—
	その他	—			
有形固定資産		370	固定負債		250
	土地	40		社債	—
	建物	160		長期借入金	250
	設備機器	170		その他	—
無形固定資産・投資等		—	純資産		372
	投資有価証券	—		資本金	50
	子会社株式・出資	—		資本剰余金	80
	その他	—		利益剰余金	242
				利益準備金	200
				繰越利益剰余金	42
資産合計		1,072	負債・純資産総額		1,072

自己資本比率	0.35
流動比率	1.56

表 5.5　逸失利益を考慮

損益計算書（P/L）

売上高		1,640
売上原価		
	材料費等	1,180
	人件費等	60
売上総利益（粗利）		400
販売費および一般管理費		
	役員報酬	5
	外注費	180
	原価償却費	20
	その他	70
営業利益		125
営業外収入		5
営業外支出		10
経常利益		120
特別利益		—
特別損失		70
税引前当期純利益		50
	法人税等	20
当期純利益		30

貸借対照表（B/S）

資産	金額	負債・純資産	金額
流動資産	690	流動負債	450
現金・現預金	650	支払手形・買掛金	100
買取手形・売掛金	20	短期借入金	300
有価証券・その他	—	未払い費用	50
棚卸資産	20	その他	—
その他	—		
有形固定資産	370	固定負債	250
土地	40	社債	—
建物	160	長期借入金	250
設備機器	170	その他	—
無形固定資産・投資等	—	純資産	360
投資有価証券	—	資本金	50
子会社株式・出資	—	資本剰余金	80
その他	—	利益剰余金	230
		利益準備金	200
		繰越利益剰余金	30
資産合計	1,060	負債・純資産総額	1,060

自己資本比率　0.34
流動比率　1.53

表 5.6　再建費を考慮

損益計算書（P/L）

売上高		1,640
売上原価		
	材料費等	1,180
	人件費等	60
売上総利益（粗利）		400
販売費および一般管理費		
	役員報酬	5
	外注費	180
	原価償却費	20
	その他	70
営業利益		125
営業外収入		5
営業外支出		10
経常利益		120
特別利益		—
特別損失		70
税引前当期純利益		50
	法人税等	20
当期純利益		30

貸借対照表（B/S）

資産	金額	負債・純資産	金額
流動資産	480	流動負債	450
現金・現預金	440	支払手形・買掛金	100
買取手形・売掛金	20	短期借入金	300
有価証券・その他	—	未払い費用	50
棚卸資産	20	その他	—
その他	—		
有形固定資産	580	固定負債	250
土地	40	社債	—
建物	260	長期借入金	250
設備機器	280	その他	—
無形固定資産・投資等	—	純資産	360
投資有価証券	—	資本金	50
子会社株式・出資	—	資本剰余金	80
その他	—	利益剰余金	230
		利益準備金	200
		繰越利益剰余金	30
資産合計	1,060	負債・純資産総額	1,060

自己資本比率　0.34
流動比率　1.07

取引先や下請け業者にお金が回らなくなります．この負の連鎖は被災地域のみならず，被災を免れた地域にも広がり，経済活動に影響を与えます．地震による経済被害の怖さは，このような負の連鎖が，同時かつ広域に発生することです．

話を戻して，最後に表5.6で再建費を計上します．表5.5と比較し変化した項目を灰色で示しています．再建費は，貸借対照表の中で，流動資産が固定資産に移動するだけです．損益計算書には変化はありません．ただし，現金・現預金に再建に必要な費用があることが前提です．表5.6の評価が，地震による損害額をすべて考慮した最終的な財務諸表になります．

この分析例から，約1カ月間生産は止まったわけですが，当期純利益はマイナスにはなっていません．一方で，694あった流動資産は480まで激減しています．この激減はどこで起きるのか，表5.3から表5.6に至る際の業績指標の変化を見るとあきらかになります．この点は，次節で説明します．

5.6 業績指標を悪化させる要因

製造業を対象とした財務影響分析の具体例（表5.3〜5.6）を示しましたが，この財務分析の過程で業績指標はどのように変化するかを見てみましょう．業績指標は流動比率と自己資本比率に着目します．地震が起きなければ，この企業の自己資本比率は0.37，流動比率は1.54で，財務的には比較的良い状況にあります．ところが，地震発生によって，これらの指標は図5.2のように変わっていきます．

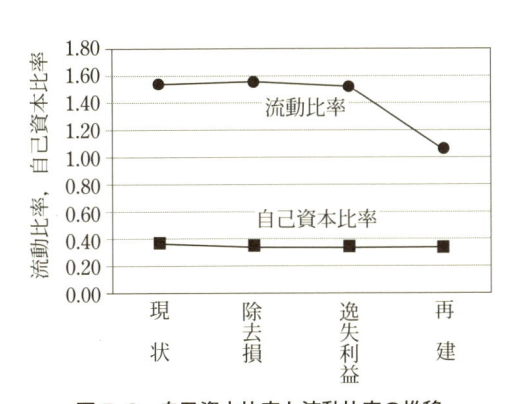

図5.2 自己資本比率と流動比率の推移

まず自己資本比率ですが，特に大きな変化は見られません．この理由は，外部資金の調達を必要とせず，内部資金でほぼまかなえたことが主な理由です．一方，流動比率は1.07まで低下し，厳しい状況ではありますが，何とかしのげる状況といえます．ここで，流動比率の変化の過程を見てください．逸失利益までは特に変化はないものの，再建によって大きく低下していることがわかります．これは，地震災害を含めた自然災害に共通することですが，建屋や製造設備などの損壊によって失った経営資源を，新たな設備投資として復活させなければならないからです．製造業にとっては，新たな設備投資はかなりの重荷になります．このことから，事業停止が長期化することも問題ですが，再建費用の捻出にも十分配慮しなければなりません．事業停止の長期化と再建の重圧，双方を軽減するには，被害を水際で止めることができる事前のハード対策が非常に重要になります．

ここで，兵庫県南部地震で被災した工場の例を紹介しましょう．この工場は家電製品を製造していましたが，地震によって2週間ほど生産活動は停止しました．また，受変電設備の一部損壊，ならびに天井に設置されたスプリンクラーの配管からの水漏れなどの被害が発生し，修復にかかった費用はおよそ2,500万円ほどでした．一方で，2週間ほど事業停止したわけですが，これによる逸失利益はほとんど0であることがわかりました．理由は，在庫が十分あったこと，生産再開後，全従業員協力のもとで生産量の増加を実施したことでした．つまり，小売店などへの製品出荷は発災害直後の3日間を除き，ほとんど滞らなかったわけです．したがって，この工場の直接的な損害は2,500万円の財物損失額だけ，ということになりました．この工場はその後，受変電設備の耐震化，ならびに天井配管の補強を行ったのはいうまでもありません．

5.7 ストレステストによる防災目標

ストレステストを行うには，図5.3の右に示すような地震動の大きさに対応した逸失利益，ならびに財物損失額の関数を準備しておきます．そして，地震動の大きさを変え，対応する逸失利益，ならびに財物損失額を財務影響分析の手順に従って，財務諸表に計上していきます．あわせて流動比率，自己資本比率などの業績指標を計算し，その推移を見ていきます．ここで，業績指標に一定のしきい

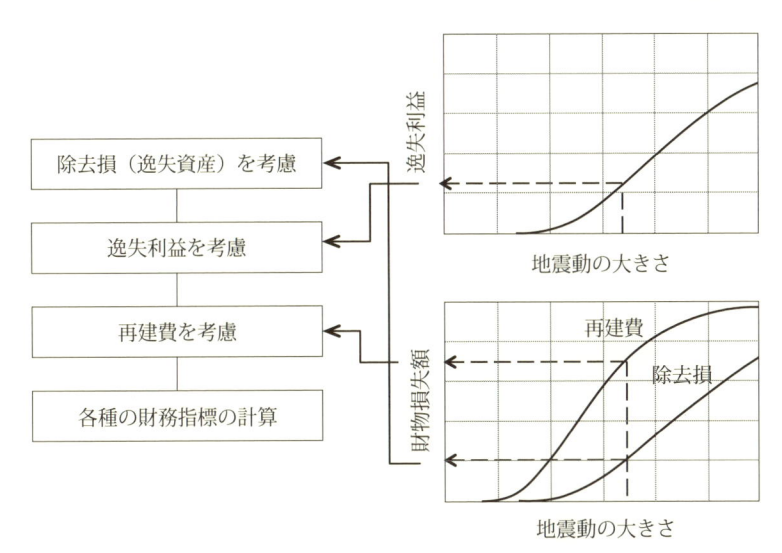

図5.3　ストレステストの流れ

値を設けておき，このしきい値を超えたときの逸失利益，ならびに財物損失額をチェックします．地震動の大きさもチェックしておきます．

　もうおわかりだと思いますが，このチェックした逸失利益から事業停止期間を逆算すると，これが限界の事業停止期間となります．さらに一定の余裕を設けた目標復旧期間を設定することもできます．重要なことは，逸失利益に止まらず，除去損や再建費も含めて見ていくということです．財務を悪化させるのは，逸失利益より再建費の方が大きいケースがあるからです．

　図5.4に示しているのは，機械製造，製紙業，電子部品製造，石油化学，石油精製の5業種の企業について，地震リスク診断を実施し，財物損失額と逸失利益の平均値の内訳を比率として示したものです．逸失利益については事業停止期間に1日あたりの売上総利益（粗利）をかけたものです．また，財物損失額は，再調達ベースの損害額ですが，仕掛品や完成品の損害額は入っていません．

　図を見ると，電子部品製造以外はすべて，財物損失額の方が大きくなっています．逸失利益より，再建による費用支出がいかに経営を圧迫するかがわかると思います．このことは，事業停止期間のみならず，企業防災の目標値として財物損失額を含めた企業総体としての地震リスクの受容限界を把握することが極めて重

要であることを示しています．

また，逸失利益と財物損失額を比較すると，興味深い傾向がわかります．逸失利益の方が大きい企業は，付加価値が高い製品，あるいは利益率の高い製品を生産する傾向にあります．図5.4の電子部品を生産する企業の内訳に，その傾向がはっきり出ています．

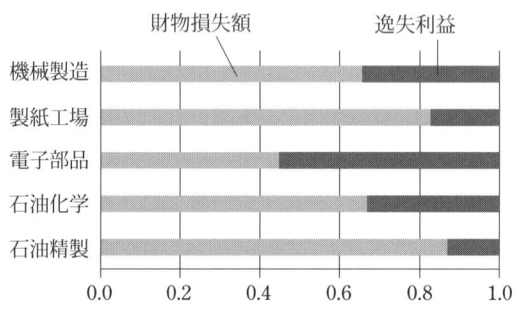

図5.4　各業種の財物損失額と逸失利益の内訳比率

一方，逸失利益に比べ財物損失が大きい企業は，利益率は必ずしも高くないものの，製品を安定的かつ大量に生産する傾向があります．図5.4を見ると，石油精製，製紙工場などが該当します．また，この種の企業は，長期間の運用を前提に，巨額の設備投資を必要とする業種です．このため，地震によって失われる財物損失，特に再建費用は大きくなる特徴があります．

話を戻しますが，チェックした逸失利益から地震動の大きさもわかるので，これ以上の地震動を引き起こす地震を要注意地震としてピックアップすることができます．要注意地震の解釈は，防災対策の検討を要する地震という意味です．地震の発生頻度もあわせて見ていく必要がありますが，発生頻度が極めて小さい場合には，ハード対策のような費用のかかる対策より，BCPなどの事後対応に注力する方が経済的です．逆に発生頻度が高く，遭遇する可能性が高いと判断される場合には，事前防災の観点から，迷わずハード対策を検討する必要があります．

5.8 外部要因によって決まる防災目標

ストレステストは，あくまでも企業の財務，つまり内部要因によって防災の目標を設定しようとする方法です．しかし，外部要因によって決めざるをえない実状もあります．たとえば，主要な取引き先からの要請がある，社会的影響が大きく生産を止められない，事業停止の長期化に伴い商権や市場を失うなどです．外部要因によって防災目標が決められてしまう実状も理解できますが，財物損失額を含めた企業総体として損害に対して，どこまでなら耐えられるか，といったこともあわせて把握しておかないと，経営そのものが立ち行かなくなる場合があります．つまり，事業停止による逸失利益も大事ですが，財物損失，特に再建費が，膨大な額になることがあるからです．事実，東日本大震災では，施設を再建するための費用が工面できず，事業を再開できない企業が多くありました．

外部要因によって目標を設定することは間違いではありませんが，あわせて地震リスク診断を実施し，財物損失額を含めた企業総体としてリスクを把握するとともに，外部要因による防災目標と内部要因による目標を見比べ，どちらが企業にとって重要かをしっかり見極める必要があるでしょう．

5.9 防災目標は一貫性と継続性を

製造業の大半は，防災対策の必要性を理解しています．しかし，どこから手を付けたらよいかがわからず，まずは手軽に相談できる建設会社や設計コンサルタントに話をもちかけるケースが多くあります．このような場合，建設会社や設計コンサルタントは，往々にして建屋などの耐震診断や耐震化策をすすめます．しかし，それが経済的なのか，製造設備やユーティリティはこのままでよいのかなどを確認する術を知らないと，場当たり的な対応，いわゆる対処療法的な対応になってしまいます．対処療法は，さらなる対処療法を招く傾向があります．新たな被災事例や新しい対策工法などが出るたびに，場当たり的な対策に振り回され，結果として経済的とはいいがたい対策を繰り返し行うようになります．対処療法であっても，耐震化ですから，やらないよりやった方がよく，無駄になるような

ことはありません．しかし，生産活動総体から見れば，部分の耐震化に過ぎず，それが生産活動の仕組み上有効なのかは判然としません．

対処療法を繰り返す企業に共通しているのは，防災担当者が頻繁に変わる傾向があることです．防災担当者が変わるたびに方針や目標が変わり，対策の継続性は断たれ，対処療法的な対策が常態化することになります．また，防災担当者に十分な権限を与えていないケースもあります．この場合，持ち場単位で異なる考え方を意見集約できない，必要とわかっていても大胆な対策がとれないなどの問題がいえます．結果として，一貫性のない対策が場当たり的に行われるようになります．

防災対策は，企業のリスク管理の一環として，全社的な方針，あるいは目標を立てることが重要になります．たとえば，「事業停止は2週間以内」，「財物損失額は被災対象資産の10％以内」，「被災時期末の流動比率は1.0以上」など，具体的な数値目標です．そして，これを全社的に周知するとともに，継続性と一貫性をもって進めていくことが必要になります．

5.10 防災目標は従業員の命を守る

従業員の命を守ることを最優先としている企業もあります．つまり，従業員の生命を守ることを防災の方針とするわけです．事例を紹介しましょう．

この企業は「従業員の生命を最優先したい，そのための対策を考えたい」といった課題を提示しました．そこで，通常の地震リスク診断に加え，工場施設の損壊や火災などで，失う可能性のある人命を推計しました．このとき，失う人命の受容限界をどのように設定するか，つまり防災目標をどうするかで丁々発止の議論となりました．たとえば「人命1名までなら許容する」となると，1人の死亡を肯定したようなもので，従業員としては受け入れがたいことになります．一方で「1人も死なせない」となると，心情的にはよいのですが，現実的には多少無理があります．すべての施設を強靱化しなければならず，膨大な対策費が必要になるからです．

結論をいうと，「失う人命の平均値（期待値）を1名以下とする」これを企業としての許容限界と定め，そのまま防災目標になったわけです．平均で1名以下

ということは，平均的には人命は失われない，ということと同意と考えたからです．ただし，平均値なので，これを超える可能性はあります．しかし，従業員を守る企業姿勢として，人命第一を具体的な数値で示したことは意義深いものがあります．この企業は，目標を達成するための対策を選定し，実施したのはいうまでもありません．

5.11 防災目標は周辺住民の安全を守る

　石油化学や化学工場などでは，人体に影響を与えるような危険物質を大量に扱う工程があります．危険物質は液体であったり気体あったりしますが，いずれにしても，地震で容器やタンク，配管類が破損すると，大気中に拡散したり，地下へ浸透したり，あるいは海域へ漏れ出たりします．場合によっては，周辺住民の健康に影響を与えるような事態も考えられます．このような事態を憂慮する企業は，危険物の漏洩や拡散防止を防災対策の最優先の方針とするわけです．
　化学工場の例を紹介します．この工場では，老朽化が進んでいるプラント施設を補強すべきか，あるいはガス拡散防止策を備えるべきか，このような判断を迫られていました．このプラントは，破損すると人体に影響のあるガスを大気中に放出する可能性があります．そこで，老朽化の進行を調査したうえで，健常時に比べ耐震性能が低下していることを前提に，地震リスク診断を実施しました．意思決定のための情報としては，プラントの供用期間を10年とし，10年間で地震によって大気中にガスが漏洩する確率としました．対策の代替案として，現状のまま，施設補強，ガス拡散防止策，施設補強＋ガス拡散防止策の4案を提示しました．最終的には，対策に必要な費用を勘案し，4案の中から最良と考えられる対策を選択したわけですが，あわせて地域住民に対する説明と理解について，企業としてのリスク管理の姿勢や目標値を積極的に説明することを提案しました．本例は，地域住民の安全確保を防災の基本方針とし，施設の供用期間におけるガス漏洩確率を防災の目標としたわけです．地震リスクマネジメントは，経営者のリスク管理を支援するだけでなく，地域住民とのリスクコミュニケーションを促進するための情報も発信できる便利なツールといえます．

6 地震対策と意思決定

　地震リスク診断は，企業総体としての観点から，地震による弱点や問題点を見つけだすことが目的でした．弱点や問題点が示されても，その後「地震対策はほんとうに必要か」，「地震対策は進めたいが，費用はあまりかけられない」，「地震対策は，どこまでやればよいのか」といった具体的な判断を行わなければなりません．その判断は，説明力を伴うものでなければなりません．
　本章では，地震対策の実施判断や説明力のある判断基準について，具体例を交えて解説します．

6.1 地震発生確率の認知バイアス

　向こう5年間で，地震が発生する確率は30％であったとします．これを逆の見方，つまり起きない確率で見たらどうでしょうか．向こう5年間で，地震が発生しない確率は70％になります．同じことをいっているのですが，受け止め方（認知）は若干違ってくると思います．たとえば，この手術をすると70％の可能性で助かります．逆に，この手術をすると30％の可能性で死亡します．同じことをいっているわけですが，手術を受け入れる患者は，前者の方が圧倒的に多いことがわかっています．これは，フレーミング効果といって，ある選択を迫られたとき，同じことをいっているにも関わらず表現や状況の違いによってその心理的な解釈が違ってくることをいいます．解釈の違いは，情報の量なども影響します．たとえば，大地震発生直後はマスメディアで連日被災情報が報道され，この種の情報量は圧倒的に多くなります．このような状況下で地震の発生確率が示されると，その受け止め方は平常時に比べあきらかに違ってきます．

また，宝くじのように，必ず当たる人がいる，もしかしたら自分が当たるなどと楽しい夢を想像できるような確率と，地震発生確率のようにまったくの負け戦で得はなく，さらに起きないかもしれない事象とは，同じ値であっても受け止め方はだいぶ違ってきます．事実，宝くじの1等が当たる確率は1枚買うごとに260万分の1，つまり4×10^{-7}程度の極めて低い値ですが，宝くじを買う人はたくさんいます．一方，1000年に一度のまれな地震の発生確率は，今後1年間で，1000分の1（1×10^{-3}）です．しかし，1000年に一度の地震に備える人はほとんどいません．

確率をどのように受け止めるかは，人によって異なるだけではなく，表現の仕方，いい方，そのときの情報，さらに得するのか損するのか，などによって変わってくることになります．このことは，高い精度の確率が示されたとしても，その情報を発信する側の意図と，情報を受け取る側の認識には相違があるということです．これをリスク認知のバイアスとよびます．

ここでは人の心理的側面から，確率に対する受け止め方を簡単に紹介しました．地震リスク診断では，地震の発生確率，被害の発生確率など，起きたら困る確率がたくさんでてきます．ところが，たとえ客観的な確率が示されても人々は合理的な行動をとるとは限らないのであれば，どのようにすれば防災対策を促進することができるのか，難しい問題です．私は，「地震は起きるとの前提に立つこと」，そして「相対的優位で比較判断すること」の2点が大事であると考えます．

6.2　対策は相対的優位でみる

地震による損害額を推計しても，そこには一定の不確実性があります．これは，損害額には幅があるということです．この幅の原因は，使われる材料強度の統計的なばらつき，施工の誤差，地震動の推計誤差などに起因しています．たとえば，コンクリートや鋼材は，均質に造ってはいますが，その強度には一定のばらつきがあります．また，現場で造られる建物や設備などが図面通りにきっちりできるかというと，必ずしもそうではありません．また，当該施設に作用する地震動の推計では，予想より大きかったり，小さかったり，誤差を伴います．したがって，地震リスク診断では，損害額をどれほど精緻に計算しても，一定の幅をもつもの

として考えます．当然のことですが，対策による効果も幅をもつことになります．このため，一つの対策案を提示し，「これが最良だ」といいきることはできないわけです．

そこで，現実的な代替案をいくつか用意し，それらを相対的に比較し，もっとも優位と考えられる対策を選定できるように配慮します．この「相対的優位でみる」ということは，債権者や株主などの企業のステークホルダー，あるいは担当者が上司に説明するとき，大変役に立ちます．大きな買い物をするとき，ほかの商品と比較したり，相見積りをとるなどします．これは，本当のところはよくわからないので，それならばいくつかの代替案を並べて比較してみよう，というわけです．相対的優位は，だれもが日常的に行っている意思決定の極意といえます．

防災対策は，目標を設け，これを達成できるように検討することが望ましいわけですが，対策に使える費用には限界があります．このため，現実的には制約的予算の枠内で，費用効率の高い対策を目指すことになります．また，防災目標を達成する対策の中で，費用効率の高い対策を選ぶことも一計といえます．いずれにしても，地震は起きるとの前提に立ち，相対的優位で比較することが重要になります．

6.3 相対的優位の比較方法

図 6.1 に示すのは，いくつかの対策を提案し，費用効率の面からどの対策が優位かを判断するための例です．縦軸は，地震による総損害額（リスク）と対策費用を表しています．図では，対策 A〜D に現状のままなにもしない（無策）を含めた，計 5 つの代替案を比較しています．また，この例では，地震による総損害額が 100 以下となるように防災目標を立て，対策に使える費用の上限，つまり制約的予算の上限を 50 としています．

まず対策費のグラフを見てください．現状は，なにもしませんから対策費は 0 になります．対策 A から D に向かい，対策費は徐々に増えていきます．そして D がもっとも費用のかかる対策になりますが，このケースは当初の制約予算 50 を上回っています．A から D の対策を実施した場合のリスクは，費用と連動するように右肩下がりで減っていきます．これが対策による効果ですが，防災目標

6 地震対策と意思決定

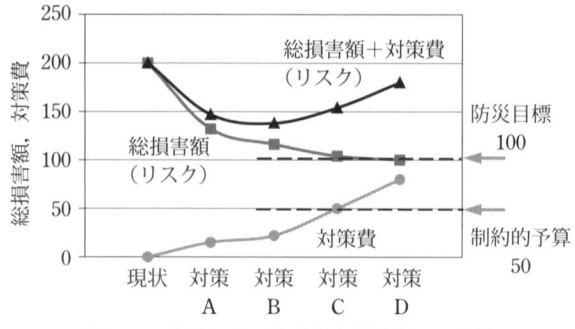

図6.1 地震による損害額と対策費用の比較

100を満たしているのは，対策Dのみとなります．

次に，対策費に損害額を足したグラフも併記しています．このグラフを見ると，対策Bがもっとも低くなっていることから，制約的予算の中では対策Bがもっとも費用対効果の高い対策であることがわかります．一方で，制約予算の中でもっとも防災目標に近いのは，対策Cになります．まとめると，防災目標を達成するにはD，制約予算の中で防災目標に近い対策はC，制約予算の中で費用効率の高い対策はBとなります．このように入り組んだ例は，実際にはありませんが，防災目標を優先するか，制約予算を絶対条件とするか，費用効率を優先するかによって選ばれる対策は違ってきます．つまり，経営者がどのようなリスク管理の方針をもつか，これをしっかり決めなければなりません．

次に説明するのは，貸借対照表から求められる流動比率をみていく方法です．図6.2に示すのは，現状のまま，ならびに対策A～Dを実施した場合の流動比率の変化を見たものです．地震リスクのみの場合は，ある地震が起きたことを前提に，現状→除去損→逸失利益→再建の順で財務影響分析を行い，その最終的な流動比率を比較したものです．一方の対策費用を含む場合は，耐震対策費を財務諸表に計上したものです．具体的には，現状→耐震対策費を計上→除去損→逸失利益→再建の順で財務影響分析を行い，その最終的な流動比率を表しています．

耐震対策費用が計上されると，貸借対照表の中では流動資産から有形固定資産への財の移動が行われ，損益計算書では初年度の減価償却費が支出されます．キャッシュフロー計算書では，投資活動キャッシュフローに支出として計上されます．耐震対策費用が増すと流動資産が減るわけですから，流動比率は確実に低

6.3 相対的優位の比較方法　93

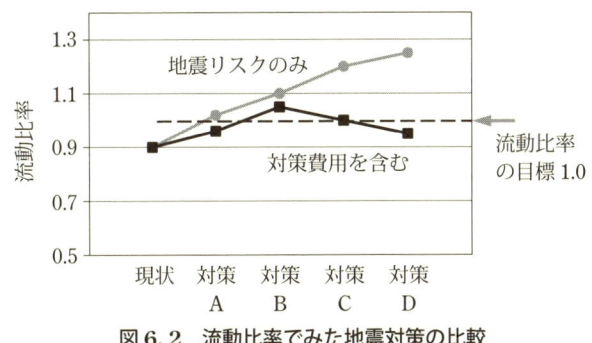

図 6.2 流動比率でみた地震対策の比較

下します．しかし，同時に対策の効果によって地震リスク，特に再建費用は減るわけですから，流動比率は上昇する方向に働きます．この2つの関係から，対策費用を含む場合のグラフには，図のように最大となる点が現れることになります．図の例では対策 B になります．ただし，耐震対策を実施した年に地震が起きた，という前提になるので現実的ではありませんが，相対的な比較であれば特に問題はないと思います．

　ここで，流動比率 1.0 以上を防災目標としたとき，地震リスクのみの場合のグラフを見ると，対策 A〜D のどの対策も目標を達成しています．目標を満たしている中でもっとも安い費用でできるのは，対策 A になります．また，対策費用を含む場合のグラフを見ると，費用効率的には対策 B が優位ということがわかります．

　防災目標とともに，意思決定の方針を決めておくことも重要です．これにより，「方針に則って相対的に比較すると，この対策が優位である」といった明確な判断ができます．この判断は，第三者への説明や理解を得る場合に効果的です．

　ある工場の例を紹介します．この工場の敷地は東京ドーム4個分ぐらいで，その中に，工場建屋，発電所，各種ユーティリティ，溶剤タンクなど，多数の設備を擁しています．その中で工場建屋は大正時代，あるいは昭和初期に造られたものが多く，老朽化も進んでおり，改修，改築のタイミングを見計らっている状況でした．地震リスク診断を実施したわけですが，その目的は，工場全体の地震リスクの観点から，どの建屋から改修すべきか，その優先順位を把握することでした．その結果，耐震性能から見ると，確かに建物の古い順がそのまま改修の優先

順位になるわけですが，地震リスク診断の結果は，必ずしも古い建屋が最優先というわけではありませんでした．つまり，各建屋の使用情報や派生的な二次被害の可能性，発災時の事業継続性など，総合的な観点からは，優先的に改修すべき対象は別の施設であることが判明しました．具体的には図6.1に示したように，総損害額のグラフを作成し，比較したわけです．この事例は，脆弱な施設から手を付けるのではなく，工場総体としてのリスクを見て，判断することの重要性が示された好例といえます．

6.4 ライフサイクルコストでみる地震対策の優越

前節では，地震は起きるとの前提に立ち，地震対策の比較を行いました．一方で，「いつ起きるかがわからないから問題だ」という人には，地震の発生確率を考慮した意思決定方法が用意されています．

私たちが実感できる時間スケール（たとえば最大で30〜50年程度）の範囲内では，被害を伴う大地震との遭遇はまれであり，一生に一度あるかないか程度のものです．このため「補強対策に費用はかけたものの，無駄にならないだろうか」といった疑問をもたれるのは自然なことだと思います．そこで，建物や工場施設の供用期間をおおむね設定し，その間に遭遇するであろう地震による損失，いわゆる地震リスクを推計し，対策を実施した場合としない場合を時間軸上で比較する方法があります．この方法を，地震ライフサイクルコストとよびます．

最初に，構造物のライフサイクルコスト（Life Cycle Cost，以下LCC）一般について説明しましょう．LCCは，設計や施工に関する初期建設費，光熱費や修繕・更新に伴う維持管理費用，そして解体費用などを供用期間にわたって足し合わせるもので，構造物の供用期間を通じてかかる総費用に相当します．総費用が少ないほど経済的であることがわかるわけです．経済的な工法や仕様などを選定するときに使われます．このとき，毎期の費用を，割引率を使い現在価値に換算する方法もあります．

また，LCCに，期せずして発生する火災や事故，自然災害による損失額なども加えることができます．いわゆるリスクを考慮するわけですが，地震リスクと地震対策の費用だけを取り上げたLCCを地震ライフサイクルコストとよびます．

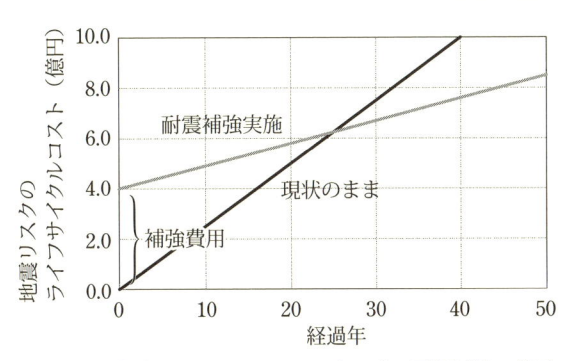

図6.3 地震ライフサイクルコストによる耐震補強の効果

例を図6.3に示すので参照ください．縦軸は，地震リスク（損害額）と地震対策にかかる費用の和になります．地震リスクは，基本的に地震による損害額を1年間に換算し，これを毎年累積して求めていきます．このため，図のように右肩上がりのグラフになるわけです．図の例では，補強対策にかかる費用は4億円で，補強対策を実施したケースと，現状のままなにもしないケースを比較しています．補強対策を実施すると，地震ライフサイクルコストは26年ほどで逆転し，26年以上供用するのであれば，「対策を実施した方が得」という判断ができます．特徴は，ある地震が起きた，という前提で損害額を推計し，その損害額に地震の発生確率を乗じる点にあります．

地震ライフサイクルコストは合理的といえば合理的ですが，ひとつ気になる点があります．それはたとえば，1000年（1年間では0.001）に一度程度のまれな地震に対しては，図6.3のように，施設の供用期間中に逆転することは極めてまれ，ということです．地震の発生確率が小さいので，結果としてリスクが小さくなるからです．しかし，兵庫県南部地震のように，まれな地震であっても起きる事実を目の当たりしているわけです．すでに説明しましたが，地震の発生確率の認知にはバイアスがあります．このバイアスを無視したような，機械的な判断には無理があるように思います．「費用はかけたものの，無駄にならないだろうか」自然な発想ではありますが，対策によって安心を享受でき，その安心を利害関係者の間で共有できるのであれば，必ずしも無駄とはいいきれません．

6.5 被害要因別のリスクの内訳

地震による被害を大別すると，震動被害，津波被害，地盤被害，火災被害の4つに分けることができます．地盤被害は，敷地の地盤構成や地形によって，液状化被害と斜面崩壊被害などに分けられます．ここでは，これらの被害を大別被害とよぶことにします．地震発生時の損害額は，どのような大別被害によって生じるのか，いわゆる損害額の大別被害毎の内訳がわかると，どのような対策に注力すべきかがわかり大変便利です．

3.2節（p.40）では，イベントツリー解析を使うことで，さまざまな被害形態を網羅し，損害額を推計する方法を紹介しました．この解析方法を使うと，被害形態は被害要因の組合せですから，どの被害要因によって損害が生じたか，つまり被害要因別の損害額の内訳をさかのぼって計算することができます．

図 6.4 に示すのは，財物損失額の平均値を地震動（加速度や計測震度，速度など）の大きさを変えて計算し，これをグラフにしたものです．横軸は地震動の大きさですが，本例では加速度にしています．縦軸は財物損失額の平均値を再調達価格で割った損害率です．このグラフを地震ロス関数とよびますが，大別被害ごとの損害率もあわせて示しています．図の地震ロス関数は，石油精製工場を対象とした一例です．石油精製工場は液状化が発生しやすい臨海部に位置しているので，

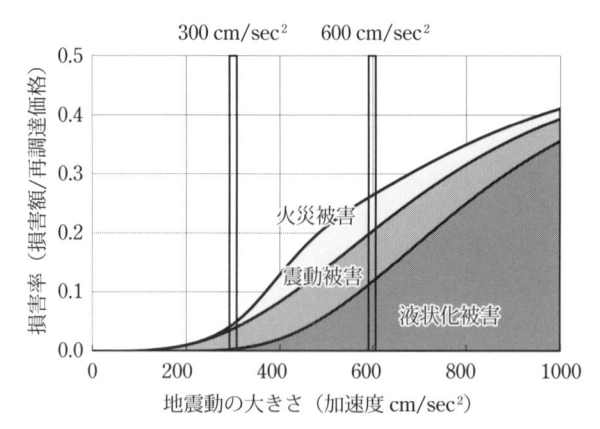

図 6.4　地震ロス関数による被害要因別の内訳

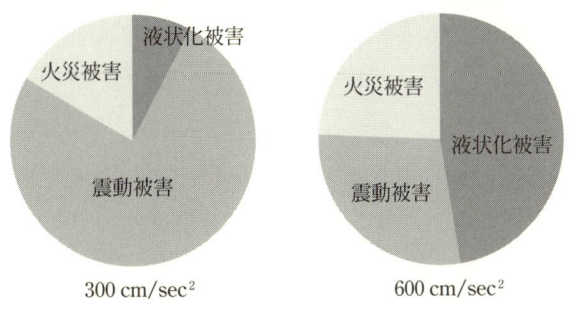

図 6.5 　地震動による被害要因別の損害率の内訳

地震動が大きくなると，液状化被害による損害が相対的に大きくなることがわかります．図 6.5 は，地震ロス関数のグラフから 300 cm/sec^2 と 600 cm/sec^2 の地震動が作用した場合の大別被害ごとの損害率を円グラフで示したものです．300 cm/sec^2 程度の地震では，地震の揺れによる被害が卓越していますが，600 cm/sec^2 のような巨大地震では，やはり液状化による被害が支配的になっています．

これらの図から，50〜100 年に 1 回程度の比較的起きやすい地震に対して，しっかりとした対策を実施しようと考えた場合には，耐震補強など，揺れに強い対策を計画する必要があります．一方，東海地域や東京湾臨海地域などのように，巨大地震が切迫している地域では，むしろ液状化対策に注力することが効果的であることがわかります．

地震ロス関数の損害率を大別被害ごとに示すことは，防災対策の方向性を決めるのに役立ちます．

6.6　弱点の探し方，優先順位の決め方

地震リスク診断では，弱点となる設備の把握や，対策の優先順位を決める場合，建屋や製造設備などの部位ごとに，損害額（リスク）を横並びで比較します．図 6.6 に示すのは，工場建屋，各種製造設備，ユーティリティ（電力，ガス，溶剤など）などの再調達ベースの損害額を比較した一例です．縦軸はそれぞれの損害額の平均値です．横軸は対策が直感的に把握できるように，部位だけではなく被害要因もあわせて示しています．たとえば，出荷棟構造は出荷棟の揺れによる被

98　6　地震対策と意思決定

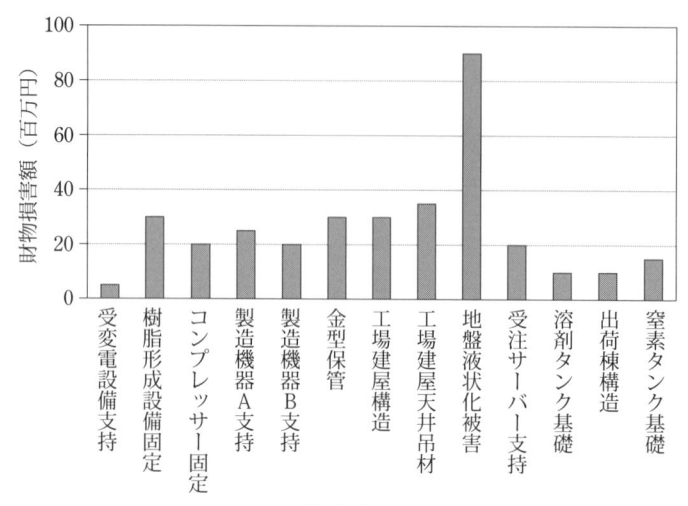

図 6.6　財物損害額の比較

害，窒素タンク基礎は基礎部の破断・転倒，受注サーバー支持はサーバーの滑動や転倒などの被害を想定しています．図の例では，地盤液状化被害が際立って高く，続いて工場建屋天井吊財や構造，金型保管，樹脂形成設備固定なども高い値になっています．

　一方，図 6.7 は，事業停止に影響を与える被害要因を特定するための指標で，ボトルネック指標とよびます．事業停止を重要視する工場では，この指標を使い対策の優先順位を判断します．横軸は各設備の復旧期間の平均値に，重要度を乗じたものです．重要度は，工場全体の生産活動に与える影響度などに相当し，具体的には，売上に寄与する割合などを用います．ボトルネック指標は最大値で基準化し，大きい順に示すのが一般的です．地盤被害を除くと，金型保管や受注サーバー支持などが大きい値になっています．これは重要度も高く，また復旧するのに時間がかかる設備であることが理由です．

　興味深いのは，図 6.6 より工場建屋構造の損害額は高いのですが，図 6.7 のボトルネック指標は低い値になっています．これは，軽微な被害の可能性が相対的に高いことが理由です．軽微被害であっても建屋を復旧するには一定の費用が必要になりますが，軽微被害であれば，工場を止めずに修復作業ができるため，ボトルネック指標は低く現れたわけです．このように，財物損害額が大事なのか，

6.6 弱点の探し方，優先順位の決め方

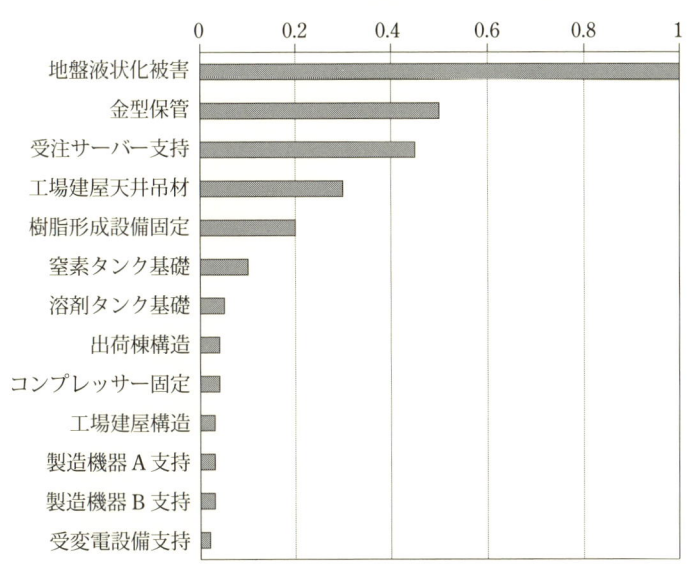

図 6.7 事業停止のボトルネック指標の比較

項目	値
地盤液状化被害	1.0
金型保管	0.5
受注サーバー支持	0.45
工場建屋天井吊材	0.3
樹脂形成設備固定	0.2
窒素タンク基礎	0.1
溶剤タンク基礎	0.05
出荷棟構造	0.05
コンプレッサー固定	0.05
工場建屋構造	0.03
製造機器 A 支持	0.03
製造機器 B 支持	0.03
受変電設備支持	0.03

事業停止期間が重要なのか，この違いによって対策の優先順位は異なってきます．

さて，この工場の例では，地盤被害を軽減したいところですが，そのためには，大がかりな対策が必要になります．地盤改良や地下水位低下工法などです．しかし，費用はかさみ，また，工場を止めなければ施工できず現実的ではありません．そこで，比較的安くできる金型の保管状況の改善，受注サーバーの支持増し，などを優先的に実施すべきでしょう．対策費用に余裕があるのであれば，建屋天井の吊材の支持，樹脂形成設備の固定度を増すなどの対策も有効です．

液状化対策ですが，このまま放っておくのではなく，大地震発生に伴い液状化現象が発生することを前提に，しっかりとした事後対応を計画することになります．具体的には，液状化が発生した場合に生産ラインを別の工場に移設できるように準備し，一時的にはこの工場を閉鎖するなどです．このように，必要な対策が現実性を伴わないケースは少なくありません．このような事で悩むのではなく，まずはできることから手を付け，すぐには手を付けられない対策は時間をかけて計画することが大事ではないでしょうか．

6.7 見てわかる弱点と対策

　サーバーやホストコンピューターなどを置いた電算室で気が付くことですが，サーバーと床との間に，地震の揺れが伝わらないようにする，いわゆる免震装置を設置する対策がよく見られます．このとき，サーバーや各種端末器の重さを考慮に入れず，免震装置を設置しているケースがあります．この場合，地震による揺れが免震装置の許容変位を超えてしまい，被害を拡大することがあります．また，サーバーなどが倒れないようにする支持対策ですが，あきらかに支持が不足している状況も散見されます．対策は実施したものの，効果は期待できないどころか，逆に被害の拡大を助長するようなケースがあるので注意が必要です．

　よく見られるのが，製造装置の支持力の不足です．具体的には，アンカーボルトの径や本数の不足，さらに製造装置の高さのわりにアンカーボルトを支持するプレートが小さいケースなどです．これらは，構造計算を行うわけではなく，支持さえしておけば少しは効果があるだろう，といった安易な考えに基づいているようです．被害を伴うような大地震と遭遇した場合，中途半端な支持では，効果はまったく，といっていいほど期待できません．一方，そもそも支持されていない製造装置もよく見られます．これは，製造ラインの変更や装置のリニューアルの予定が近いことが理由のようですが，地震の発生が切迫している地域では感心できるものではありません．また，地震で移動したら元に戻すことで事足りるような装置があります．このような場合，あえて支持しない方がよいケースもあります．

　製品や仕掛品，あるいは製品検査に使われる各種計測装置などが，ラックや机に無造作に置かれているケースがあります．大きな揺れが襲うと，滑り出し，落下による損壊が生じますが，問題は無造作に置くことが常習化されていることです．ラックであれば落下防止柵をかける，机に置くのであれば，すべり防止のゴムを敷くなど，ちょっとした注意を払うことで，被害は大幅に軽減されます．

　製造工場の天井は，屋根裏がなく，空調設備や各種配管がむき出しになった状態が多くあります．これは，落ちる天井がないのでよいのですが，揺れによって空調設備が落下し，下にある製造装置が破損することがあります．また，空調設

備の揺れに配管が追従できず，接続部で破断することがあります．このとき，水が大量に降ってきますが，水がかかることで不具合が生じる製造装置があると，大きな被害になることがあります．

　ここで，飲料水の物流拠点である配送センターの例を紹介しましょう．このセンターでは，「2週間以上配送業務が停止したら，市場を失う可能性がある．このため大地震であっても2週間以内に配送業務を再開したい」といった目標を挙げていました．地震リスク診断を実施したところ，新しい施設でもあり，建物，自動倉庫，種分け関連機器など，施設そのものには大きな問題はなく，また，本社との情報通信，電力供給などにも問題はありませんでした．ところが，ボトルネック指標で見ると，配送管理システムが突出して悪く，この原因はパソコンやサーバーの設置状況に問題があることがわかりました．この配送センターでは，2週間以内という目標を満たすため，システムの設置状況の改善と二重化対策を実施しました．この配送センターは，当初地震対策に多額の予算を考えていましたが，システムの設置支持と二重化策は，当初予算の1/10程度で済みました．

6.8　危険物の漏洩対策

　石油精製工場で特に問題となるのが，液状化現象による地盤変状です．石油精製工場は臨海部に造られているので，液状化が起きやすい立地環境にあるからです．液状化が起きると，地盤沈下，側方流動などの，いわゆる地盤変状が生じます．地上の構造物は傾いたり，場合によっては倒壊したりします．また，地盤変状による強制的な力が加わることで，配管類の破断が起きるようになります．配管破断は，タンクや装置との接続部に起きやすく，その部分に十分な伸縮性をもたせる対策が必要になります．また，配管の破断箇所に運悪く着火源があると，プラント火災へと発展していく可能性があります．さらに海域などへ危険物が流出する恐れもあります．派生的な二次災害は，発災とほぼ同時に進行していきます．このため，液状化を防ぐ対策，配管に伸縮性をもたせる対策など，事前のハード対策が必要になります．

　液状化対策を実施した石油精製工場の事例を紹介しましょう．この工場は，原油や製品の配管類が護岸に沿って敷設されています．液状化が発生し，地盤変状

が起きると，護岸が海側にはらみ出し，敷設された配管は破断し，危険物が海に漏れ出す恐れがあります．場合によっては，海上火災に発展するかもしれません．そこで，地震リスク診断を実施し，特に液状化による護岸のはらみ出しの量とその確率を計算しました．はらみ出し量が大きいと，そのまま配管破断となって現れるからです．結果ですが，現状の護岸では，液状化による地盤変状を食い止めることはできず，かなりのはらみ出しが予想されることがわかりました．対策は，工場を止めずに施工できる補強策として，強力な鋼管パイルを護岸の海側から打ち込む対策が実施されました．その際，対策を実施した場合としない場合の，護岸のはらみ出しの量とその確率を比較し，対策の効果を確認したことはいうまでもありません．

このように，危険物が海に漏れ出す，大気中に拡散する，といったように，最悪の事態が起きる確率を残余リスク，あるいは残留リスクとよぶことがあります．この残余リスクに一定のしきい値を設け，このしきい値を超えないように対策を検討するわけです．上記の例は，あらかじめ設定しておいた残余リスクのしきい値を超える対策として，鋼管パイルの打設対策を実施したことになります．

6.9 火災・延焼対策

臨海地域で大きな地震が起きると，必ずといっていいほど，タンク火災が起きています．1964年の新潟地震（マグニチュード7.5），1983年の日本海中部地震（マグニチュード7.7），2003年の十勝沖地震（マグニチュード8.0），2011年の東日本大震災（マグニチュード9.0）などです．可燃物を大量に保管するタンク類は，特に石油精製や石油化学プラント，エネルギー施設などが多く所有しています．可燃物を多く保管する工場では，消防法により，消防車を含めた自前の消防設備を持つよう指導されています．しかし，これら消防施設の性能は，火災の規模によりますが，おおむね場内で発生する1か所の火災に対応可能なレベルにとどまっています．しかし，地震による火災は，多点出火の可能性があります．また，可燃性溶液の火災やガス火災を消火することは極めて難しく，可燃物が燃え尽きるまで周辺施設に延焼しないように冷やす，これだけで精一杯となります．このため，大量の水が必要になりますが，十分な水量が確保できるとは限りませ

ん.さらに悪いことに,地震被害は工場以外の広い範囲で発生するため,公設消防の応援は期待できません.これらを考え合わせると,現状の防消火設備で十分かどうか検討する必要があります.

図6.8は,石油精製施設の消火性能を分析した一例です.横軸は地震動の大きさ,縦軸は延焼を食い止めることができるか否かの確率を表しています.延焼とは,あらかじめ設定した区画,あるいは小さいタンクを除くタンク類から出火し,その火災が周辺設備に延焼することを意味します.図を消火性能関数とよびます.この関数の計算には消火水の貯蔵施設,消火水配管,ポンプを含む付帯設備などの耐震性能に加え,ポンプの圧送能力,自前の消防車の性能や起動性などを勘案し,分析します.図の見方は,たとえば,300 cm/sec^{2}の地震動作用下で出火した場合,1か所の出火に対しては,ほぼ延焼を食い止めることができますが,同時に2か所で出火した場合には,どちらか一方の火災は0.5(50%)の確率で延焼を防止できない,となります.一方,600 cm/sec^{2}の地震動作用下で出火した場合,1か所の出火に対しては0.7(70%)の確率で延焼を食い止めることができますが,同時に2か所で出火した場合には,どちらか一方の火災は延焼を止められないことになります.

実例ですが,地震によるプラント火災を含めた地震リスク診断を実施した石油精製工場がありました.この企業には,いくつかの補強対策に加え,消防車の格

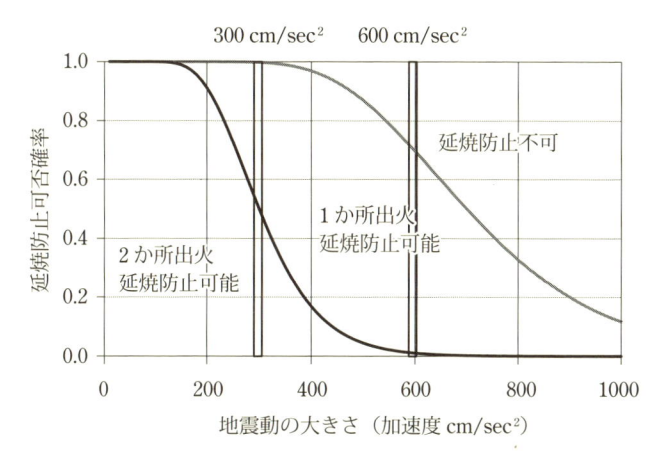

図6.8 消火性能を把握する消火性能関数の例

納庫の耐震化と消火水配管に圧力を加えるディーゼルポンプの増設を提案しました．ポンプ増設については，消火性能関数から，大規模火災あるいは2か所以上の出火に十分な消火能力をもち得ないとの判断があったからです．

消火性能関数は，消火性能の改善や防火対策を評価するうえで，説得力のある説明手段になります．

6.10 地震保険の賢い利用法

金融対策（リスクファイナンス）は，被害の発生を抑止することはできませんが，一定のコストを他者に支払い，損害額を肩代わりしてもらうことで，経営上（財務上）のリスクを減らすことができます．図4.3に，さまざまな金融対策を示しましたが，もっともなじみがあるのは地震保険ではないでしょうか．ここでは，賢い地震保険のかけ方を紹介します．

地震保険の仕組みですが，支払われる保険金は，免責と支払限度の範囲に限られ，損害額のすべてを引き受けてくれるわけではありません．また，引き受け対象は，基本的には財物損失額のみで，事業停止に伴う逸失利益は対象外となります．発災時の逸失利益の額を確定することが難しいからです．逸失利益も担保したい場合には，次節で紹介するキャットボンドや保険デリバティブのような，損害の程度に関わりなく一定額が支払われる金融対策が必要になります．

さて，保険金支払いの仕組みは，実際の損害額が免責額以下の場合，被保険者が負担し，免責額以上支払限度以下では，実際の損失額から免責額を差し引いた額が支払われます．支払限度以上の損害の場合には支払限度額から免責額を差し引いた額が一律支払われることになります．この仕組みをリスクカーブで示すと図6.9のようになります．図は，1年間あたりのリスクカーブです．このリスクカーブ（元のリスクカーブ）に免責0.02（損害率）と支払限度0.12（損害率）を例として示しています．保険に加入すると，免責と支払限度により，被保険者のリスクカーブは図の左下のように，元のリスクカーブに比べ低くなります．低くなった分は，保険会社に転嫁したわけですが，保険会社に転嫁した分をリスクカーブで示すと図の右下になります．毎年の保険料は，この転嫁したリスクの期待値，つまり，保険会社のリスクカーブの面積に，付加率とリスクロード分を加えたも

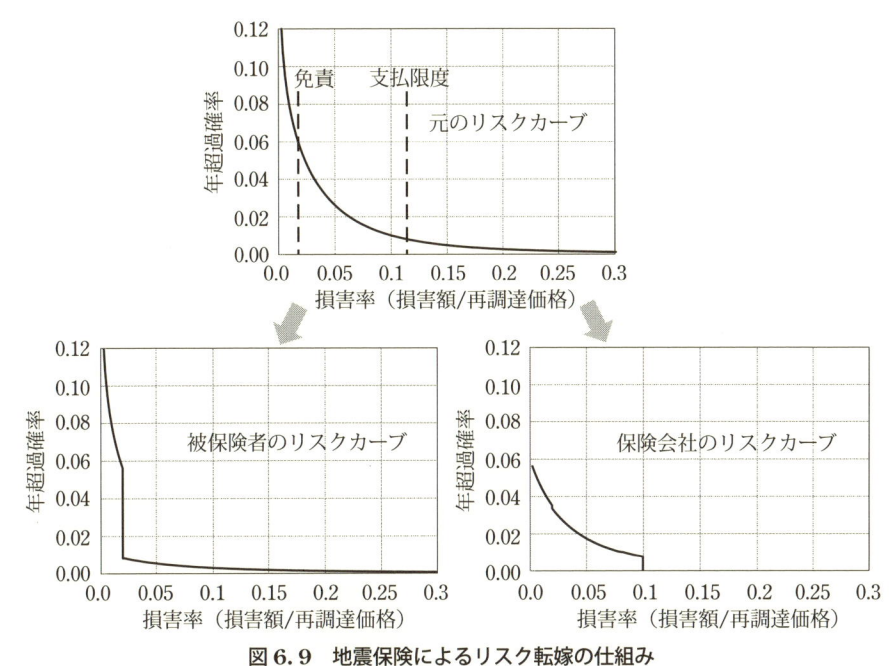

図 6.9　地震保険によるリスク転嫁の仕組み

のになります．付加率は保険会社の経費，リスクロードは危険手当のようなものです．

　保険会社のリスクカーブの期待値，つまり図の面積に相当しますが，これを一般的に純率とよびます．この純率が小さければ，当然，保険料は低くなります．そこで，免責を上げる，あるいは上限を下げるなどを行い，保険会社のリスクカーブの面積を小さくするわけです．一方で，免責を上げる，上限を下げるなどによって，発災時に企業（被保険者）が負担しなければならない損害額は増えることになります．つまり，毎期の保険料と，受け取る保険金の兼ね合いが重要になります．

　そこで，第5章で説明した財務影響分析が活きてきます．具体的には，業績指標の流動比率に着目し，これに経営上，あるいは財務上問題となるようなしきい値を設けます．そして，しきい値を下回るような損害をもたらすシナリオ地震を確認します．この地震による財物損失額を免責額とするのです．これにより，経営上問題となるような損害額が生じた場合にのみ，その分を保険で担保してくれ

ることになります．一方の支払限度額については，最悪の地震による財物損害額を目安に，これを超えない範囲のところで設定すれば，十分だと思います．このように，自社で許容できる限界の範囲を決めておき，これを超える分だけ保険で担保する仕組みを作っておけば，無駄のない地震保険を設計することができます．このとき，しっかりとした地震リスク診断を行うことが必要になります．

企業向けの地震保険は，再保険にかけるのが一般的です．これは，1.3節（p.4）のところで説明したように，集積リスクを分散リスクに変えることで，不安定な保険収支を安定化させるためものです．このため，保険料は，再保険市場の動向に依存することになるので注意が必要です．

ここで，金融対策の実施判断の例を紹介しましょう．この企業は，最悪と想定される地震による財物損失額，逸失利益等を推計し，これを使い，財務影響分析を行いました．その結果，幸いにして流動比率は1.0を下回ることはありませんでした．この企業は，当初地震対策として金融対策を考えていましたが，この結果から，金融対策を見送ることにしました．流動比率が1.0を下回らなかったのは，少しずつですが耐震化を進めてきたこと，また財務状況が比較的良かったことなどが理由です．ただし，企業の財務状況は，良いときもあれば悪いときもあります．悪いときに地震が発生することもないとはいえません．

6.11 金融市場を使った金融対策

キャットボンドは金融対策の1つですが，リスクを債権として発行し，金融市場に損害を肩代わりしてもらう仕組みです．図6.10にキャットボンドの仕組み模式的に示しました．債権（利付け債）の発行主体はSPC（Special Purpose Company）で，リスクを転嫁したい企業は，SPCとデリバティブ契約を結び，一定の手数料をSPCに支払います．SPCは，この手数料に安全資産の運用益をあわせて，投資家にクーポンとして支払います．これは通常時のスキームですが，あらかじめ決めておいた地震，あるいは地震動が発生した場合，SPCに預託された資金の一部あるいはすべてを企業に提供します．その際，安全資産として運用していた元金は取り崩すことになります．このため，債権を購入した投資家は，元金の一部もしくは全額を失うことになります．これは，地震発生によっ

6.11 金融市場を使った金融対策

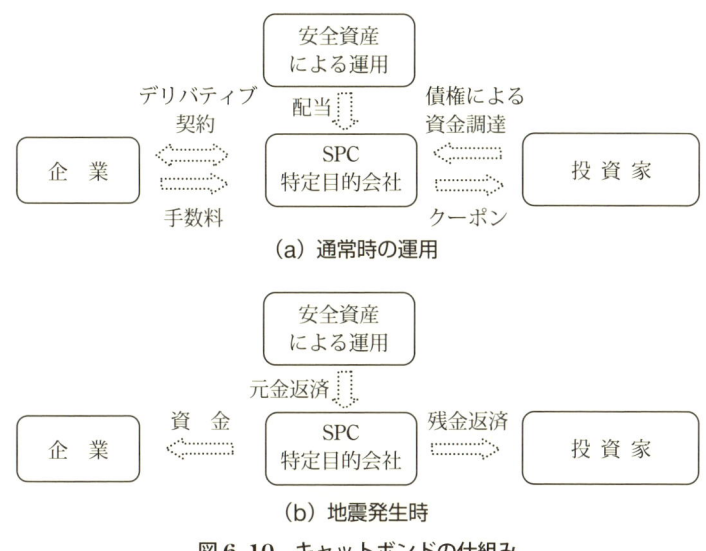

図 6.10 キャットボンドの仕組み
(a) 通常時の運用
(b) 地震発生時

て SPC は倒産したと解釈するわけです．この仕組みの契約期間は 5～7 年程度で，この間に大地震の発生はたかだか 1 回程度であることを前提としています．したがって，地震が発生すれば，SPC を含めこの仕組みは解消します．一方，契約期間の間で，あらかじめ決めておいた地震，あるいは地震動が発生しなかった場合，投資元金を含め投資家に返還されます．

キャットボンドの特徴ですが，あらかじめ決めておいた地震，あるいは地震動が発生すると，企業は被災状況に関係なく決められた金額を速やかに受け取ることができます．このため，受け取った金額と実際の損害額に差が生じることがあります．この差をベーシスリスクとよびます．ベーシスリスクは，保険デリバティブやコンティンジェット・デットなど，発災後速やかに資金を受け取ることができる金融対策に共通するリスクです．また，キャットボンドは，基本的にはオーダーメイドになるので，企業は SPC の設立，リスク診断，発行債権の格付け，起債やマーケティングなど，多額の初期投資が必要になります．したがって，債権の発行総額を大きくしないと，割に合わないことになります．また，キャットボンドにも，地震保険と同じように，免責と支払限度があります．ただし，よび方は違います．このため，リスクカーブを精緻に推計したうえで，免責と支払限

度を上手にコントロールすれば，企業にとって無駄のないキャットボンドを設計できるようになります．

さて，投資家は，マクロ経済に依存しない金融商品に分散投資をすることで，安定した収益を得ようと目論んでいます．キャットボンドは，自然災害が起因事象ですから，通常の債権や株式などとは相関関係がありません．したがって，発災時に資金を必要とする企業と投資家の目論みが一致した，合理的な金融対策といえます．

6.12 借入予約をする金融対策

金融機関とあらかじめ決めておいた期間と融資枠の範囲内で融資を行う約束をコミットメントラインとよびます．金融機関は，一定の条件が満たされ，かつ期間内であれば，いつでも融資を実行しなければなりません．このため，金融機関は融資の財源を常に用意しておかなければならず，企業はそのための手数料を金融機関に支払うことになります．ところが，コミットメントラインは，たとえば金融機関が自然災害で被災し，貸付金を融通できない状況に至った場合，貸付義務は免除されることがあります．また，融資を受ける企業の経営が疲弊し，返済が滞ることが予想される場合には，融資を行わない場合もあります．これは事前の約定によって決められていますが，自然災害などの特別な事態では，融資義務は免除されるケースがあります．そこで，災害時に確実に融資を得る仕組みとして，コンティンジェント・デットがあります．

コンティンジェント・デットは，必要となる資金をあらかじめプールしておき，被災時には借入金として資金を得る仕組みです．キャットボンドと違い，受け取った資金は負債となるため返済義務が生じます．図6.11はコンティンジェント・デットの仕組みを模式的に示した図です．

まず，金融機関や機関投資家はシンジケーションローンを組み，SPCに貸し付け，一定の利息を得ます．金融機関等に支払う利息の一部として，SPCは資金を安全資産で運用し，企業はSPCに手数料を支払います．これは通常時の運用ですが，あらかじめ定めた範囲の地震や地震動が発生した場合，企業の要請を受け，SPCはだたちに融資を行います．

6.12 借入予約をする金融対策

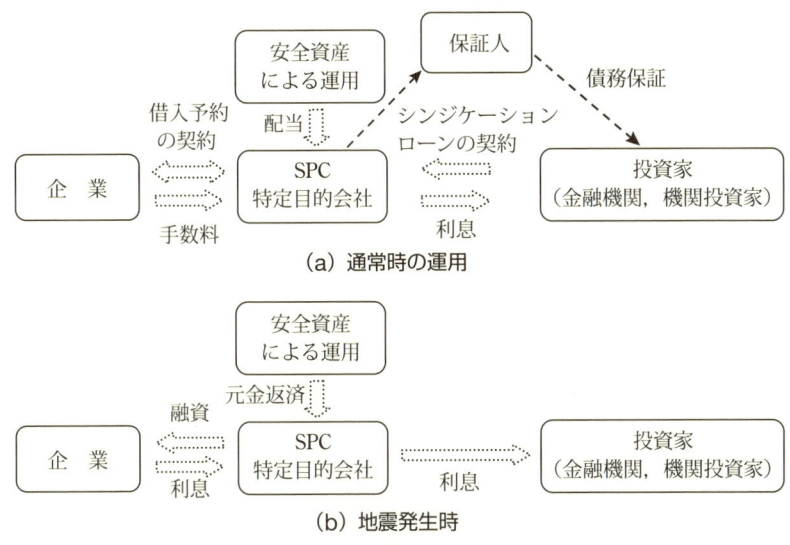

図6.11 (a) 通常時の運用
企業 ⇄ SPC（特定目的会社）：借入予約の契約／手数料
SPC → 安全資産による運用：配当
SPC ⇄ 投資家（金融機関，機関投資家）：シンジケーションローンの契約／利息
保証人 → 投資家：債務保証

図6.11 (b) 地震発生時
企業 ⇄ SPC（特定目的会社）：融資／利息
SPC → 安全資産による運用：元金返済
SPC ⇄ 投資家（金融機関，機関投資家）：利息

図 6.11　コンティンジェント・デットの仕組み

図 6.11 a に示すように，保証人がいることも特徴です．SPC はペーパーカンパニーですので，金融機関に対する債務を保証する，あるいは担保するものが何もありません．このため，SPC は保障のための保険料を保証人に支払い，金融機関などへの債務を一部あるいはすべてを保障してもらうことになります．一方，SPC にプールしておいた額より多くを借りることはできません．つまり融資枠には上限があり，この上限を設定するのにリスク診断と財務影響分析が必要になります．安全側を考え上限を大きくとると，コスト高になるので注意が必要です．

企業が受け取る資金は借入であるため，地震による財務状況の悪化はあるものの，基本的にはその企業の信用リスクの範囲内の金利となります．いいかえれば，地震発生後は，普通に金融機関から借り入れを行うのと大きな違いはありません．また，キャットボンドと違い，起債やマーケティングもなく，企業のコストは必ずしも高くありません．このため，中小企業であっても費用対効果は期待できます．

6.13 工場の緊急停止基準の設定方法

　可燃性溶液やガスを多く保有するプラント施設，有毒ガスを扱う化学工場などは，液状化や揺れによる被害に加え，火災・延焼さらには危険物質の漏洩など，二次災害の可能性が危惧されます．二次的な災害の発生・拡大を防ぐには，可燃性溶液やガス，危険物質を隔離，遮断する，いわゆる緊急停止システムが有効になります．緊急停止システムは，一定以上の地震動を感知することで，製造プロセスの自動停止とともにあらかじめ決められた閉鎖バルブが自動的に作動し，可燃物や危険物質の漏洩を最小限に抑え，二次災害の回避あるいは低減を図ります．一方で，施設が健全であるにも関わらず緊急停止を行うと，再稼動までに多くの時間と費用を要します．つまり，不適切な緊急停止（被害が発生していないにも関わらず停止させてしまうこと）によって余計な損失を被ることになります．しかしながら，施設が大きな被害を受けているにも関わらず停止を行わないと，二次被害は拡大することになります．このように緊急停止システムは，諸刃の剣となるため，緊急停止システム導入にあたっては，施設の固有性を考慮した適切な緊急停止基準，いわゆる最適なトリガーレベルを決めておくことが必要になります．ここでは，石油精製工場を例に，最適トリガーレベルはどのように決めるのか，簡単に説明しましょう．

　まず，地震リスク診断を実施しますがその際，緊急停止なしと緊急停止ありの2ケースを取り上げ，それぞれの財物損失額の平均値を，地震動（加速度や計測震度，速度など）の大きさを変えて計算します．これをグラフにして比較したのが図 6.12 です．横軸は地震動の大きさですが，本例では加速度にしています．縦軸は財物損失額を再調達価格で割った損害率の平均値です．このグラフを地震ロス関数とよびます．2つのロス関数がありますが，ひとつはどれほど小さな地震動でも地震が起きたら必ず止める（緊急停止あり），もうひとつはどれほど大きな地震動が襲っても絶対に止めない（緊急停止なし）というものです．図を見ると，ある地震動を境（図中矢印）に逆転していることがわかります．逆転している点，いわゆるロス関数の交点以下では緊急停止なしの方が損害額は小さく，交点以上では緊急停止ありの方が損害額は小さくなっています．つまり，緊急停

6.13 工場の緊急停止基準の設定方法

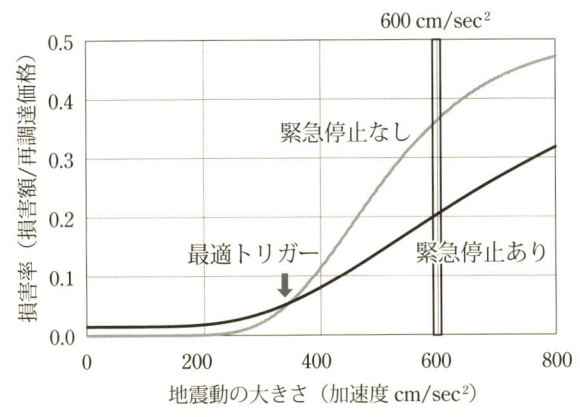

図6.12 緊急停止なしとありの地震ロス関数の比較

止は双方のロス関数の交点以上の地震動が作用した場合に，実行すればよいことが判明します．この点が最適なトリガーレベルです．また，図の $600\,\mathrm{cm/sec^2}$ を見ると，緊急停止機能がないと損害率は 0.35 であるのに対し，緊急停止によって 0.2 に低下することがわかります．その差 0.15 が緊急停止による効果といえます．なお，緊急停止ありのロス関数が地震動の小さい領域でも 0.0 にならないのは，たとえ微小な地震でも緊急停止が作動することを前提にしているからです．つまり，不適切な緊急停止による余計な損失が生じるからです．

地震による緊急停止は，電子機器工場，医薬品工場や食品工場など，製造装置やユーティリティの不具合によって，製品の品質に悪影響を与えるような場合にも必要になります．ただし，工場を止めても再稼働が容易にできる，品質に影響を与えない，つまり，不適切な緊急停止による余計な損失が少ない工場では，当たり前のことですが，たとえ小さい地震でも止めた方が良い，という結果になります．

最近では，緊急地震速報の利用が一般化しています．これを利用すると，主要な揺れが到達する前に，作業員の避難指示や製造プロセスの緊急停止などができるようになります．これは被害の拡大防止や人命確保の観点からも極めて効果的です．緊急地震速報を利用した緊急停止について検討する必要があるでしょう．

6.14 過去の被害事例にこだわる危険な側面

　地震対策を検討するとき，過去の地震被害を見て，このような被害が起きないように対策を実施しよう，と考える人は多いと思います．同じ轍を踏まないために，過去の被害事例から学習しようというわけです．このことは大変重要で，学習と改善は進めていかなければなりません．しかし，注意しなければならない点があります．それは，過去に起きた被害ばかりが印象に残り，その被害に特化した対策を過剰に行う傾向があることです．この反動として，他の対策は見落とされてしまいます．地震被害は固有性が強く，またさまざまな被害が同時にかつ広域に発生します．つまり，過去に起きたからといって，類似の被害が自社の工場で起きるとは限らないわけです．事実，地震災害が起きるたびに，新たな被害の形態が発生しています．

　過去の被害事例にこだわることなく，さまざまな被害の可能性を考えておかなければなりません．地震リスク診断は，さまざまな被害形態を網羅し，漏れがあってはならないと考えます．したがって，小さな被害から重大な被害まで，さまざまな被害が含まれることになります．当然過去に起きた被害も含まれることになります．このとき，意外と思われるような施設や被害が実は重大な問題に発展することなどがわかってきます．

　ここで，地震リスク診断を実施したA工場の例を紹介しましょう．この工場は，製造過程で生じるエネルギー源を循環利用しており，そのエネルギーで施設内の電力をまかなっています．地震リスク診断の結果，さまざまな被害形態の中で特に問題となったのは，LPGの球形タンクでした．球形タンクを支持している筋交いの耐力が不足していることがわかったわけです．工場を止めることはできないことから，内容物の上限を50％以下にした状態で運用し，その間に隣接する敷地に新しい球形タンクを造るという対策を行いました．内容物が減ったので，タンク重量も減るわけですから，大きな地震でも筋交いにかかる力は半減されるわけです．

　さて，東日本大震災では，千葉県にある製油所のLPGタンクの筋交いが破断し，倒れ込み，ガス配管が破断しました．そしてガスに引火し，大火災となりました．

このタンクは点検中であり，LPG より重い水が満水状態であったことが原因でした．つまり，重すぎたわけです．A 工場の例は，新しい球形タンクができるまで不自由な状態が続きましたが，その間，地震の来襲を予期したうえで，重量を減らすという対応をとったわけです．さまざまな被害を網羅的に捉えることで発見できた弱点といえます．

6.15 安心を求める市民への安全説明

　安全と安心は類義語として理解され，日常会話の中では特に使い分けがなされているわけではありません．実は，安全と安心はかなり違った意味をもっています．この違いは，安全を説明する場面において，説明する側と説明を受ける側の議論が噛合わない原因となっています．安心を求める人たちは，判断に至った科学的根拠や合理性などは，安心を自覚するうえでの十分情報とは認識していません．つまり，説明する側が科学的・経済的合理性に基づいた安全性を主張しても，それが受け手の安心には必ずしも結びつかないわけです．安心は，未知性，恐ろしさに加え，情報に信憑性があるか，その人は信頼できるのか，向社会的か，など心情的な問題が関係しているからです．

　ここで具体的な場面を考えてみましょう．経営者が地震リスク診断結果に基づき，何らかの防災対策を実施し，これを利害関係者に説明する場面です．まず，株主や債権者への説明ですが，彼らは企業の健全経営という観点では，利害はほぼ一致していますから，科学的・経済的合理性に基づいた安全確保の判断に理解は得られるはずです．むしろ，主観的な判断より科学的根拠や客観性を望んでいるはずです．

　一方，工場の被災によって二次的な被害を受ける可能性のある地域住民はどうでしょうか．住民は，そもそも企業の健全経営に関心をもっていませんから，企業側との利害は一致しません．住民としては，安心して生活できる環境を望んでいるわけですから，問題を起こすような企業は居てほしくない，というのが本音です．したがって，安全対策に関する科学的根拠を丁寧に説明しても，「そのくらいは当たり前だ」という態度になります．その裏には，経験したことのない災害に対する恐ろしさ，企業は信頼できるのか，向社会的かなどの不安があるから

です．

　重要なことは，誠意と真摯な態度を前提に，日頃からコミュニケーションを図り，信頼を醸成することです．また，説明の場面では，高度な専門知識をもち，住民の質問によどみなく答えること，住民が理解できる指標や言葉で，わかりやすく説明することなどが重要になります．大変手間のかかることですが，ひとつひとつ積み上げる努力が理解を得る唯一の道になります．

　地震リスクマネジメントでは，誠意や信頼の醸成といった情緒的な面での支援はできません．しかし，高度な専門知識を背景とした客観的情報は，信頼を得るうえで必要な要件であることは間違いありません．また，地震リスク診断で得られた情報は，第三者への説明を容易にするための配慮がなされています．住民への説明の場面においても有効に活用できると考えます．

7 地震から人，ビジネスを守る，そのためには

　2011年に東日本で発生した大地震は，東北から関東にかけた広い範囲に甚大な被害を与えました．このような広域災害の経験は戦後初めてであり，また高度に組織化された先進国においても，初めての経験といえます．広域災害では，人・物・エネルギーは行き渡らず，地域復旧の遅れを助長するとともに，企業努力の及ばないところで事業停止を余儀なくされ，また長期化する現実を知りました．広域災害からビジネスを守るための官民の協同のあり方が問われています．

　ここでは，広域災害から経済活動を守るには，企業は何をして，国や自治体は何をすべきか，それぞれはどのように協力すればよいか，具体的な方法を提案します．また，これを体現するうえで，技術者の役割は重要になります．防災に関わる技術者の意識改革についても触れたいと思います．

7.1 仕組み総体としての安全をみる

　物流，情報通信，エネルギーなどは，さまざまな構造物が点や線となり，これらが有機的に連結することで機能し，そして経済活動を支えています．つまり，私たちの社会は，組織化され，相互に依存したネットワーク社会であるということです．東日本大地震では，点は破壊し，線は遮断され，企業努力の及ばないところで操業停止を余儀なくされました．その影響は，被災地域に止まらず，被災地域以外の生産拠点にまで及びました．これは，生産拠点のみならず，人・物の動きが複雑に関連したシステム，あるいは仕組みとして機能していることに注意が払われてこなかったことに原因があります．それでは，なぜこのような状況が見過ごされてきたのか，一因として，技術分野の細分化を指摘することができま

す．

　ある工場で造られた製品が，港から出荷するまでを想起してください．大地震が発生し工場施設が被災すると，復旧するまで操業は停止となりますが，工場が健全であっても製品の輸送路が寸断すると，操業停止と同じ状況になります．港が被災し，荷役作業ができない場合も同じです．さて，工場の建家は「建築基準法」によってその耐震性能が規定され，建屋内の各種設備は「建築設備耐震設計・施工指針」によって設計されます．工場のユーティリティとして，危険物を大量に保有するタンクやガス施設は「高圧ガス基準」という耐震設計指針によって設計されます．工場から出荷した製品を港へ輸送する際，製品を乗せたトラックは公道を通りますが，そこには橋やトンネルがあります．橋は「道路橋示方書」，トンネルは「道路トンネル技術基準・同解説」によって設計されます．港に着くと，港には船が接岸するための桟橋や護岸，さらにガントリークレーンやトランスファークレーンなどの付帯設備があります．港湾の施設は「港湾の施設の技術上の基準・同解説」にしたがって設計されます．各種クレーン類は厚労省の「クレーン構造規格（告示）」に基づき重工メーカーが設計・製作しています．

　このように，工場で生産し，港で出荷するまでの工程にはさまざまな種類の構造物がありますが，これらすべてが操業停止に至る被災原因になります．しかし，それぞれの構造物は別々の指針や基準によって造られているので，安全性を統一的に測れる状況にはありません．

　設計指針や基準は，構造物の種類の数だけあるといわれており，私たちが想像する以上に，細分化されています．この背景には，施設や構造物が多様化し，また巨大化したことが理由としてありますが，それとともに専門とする分野が細分化し，細分化されたなかで個別に研究されてきた経緯があるからです．行政の縦割りと少し似ています．このため，統一的な規格や仕組み総体として安全性について議論されたことはなく，仕組み上の弱点や優先的に対処すべき対策を把握できない，という盲点をつくりあげてきたわけです．技術分野の細分化は，技術を洗練させ高度化させるという意味では必要なことですが，相互に依存したネットワーク社会の安全性を統一的にみるという意味では，むしろ逆効果といえます．一方で，設計の規格化，統一化の流れがないわけではありません．

7.2 設計規格の統一化の動きと信頼性設計

　ユーロ圏の経済統合と平行して，建築，土木を問わず，構造物の設計/施工に関する統一的な規格が欧州標準化委員会にて検討されました．いわゆるユーロコードとよばれる欧州規格です．この規格は，構造物に共通する基本的な要求事項については統一的に定め，構造物の種類や特性に依存するような事柄は個別の技術基準を設ける，といった考え方です．基本的な要求事項については，欧州標準化委員会と密接な関係にある ISO が 1997 年に発行した，ISO 2394「構造物の信頼性に関する一般原則」においても定められています．ちなみに，ISO 2394 については，サステナビィリティ（持続可能性），リスク評価，ロバストネス（頑強性）などへの対応が必要であるとの判断から，改定が進められています．

　統一規格の背景には，設計や施工面での自由度を増すことによって，建設技術や材料の国際流通を促進し，生産性の効率化を図るねらいがあります．また，構造物の安全確保に関するプロセスを透明化し，安全に対する共通の認識と，技術に対する信頼を醸成することも，目的の一つになっています．技術面での特徴としては，構造物の細部に渡る仕様を規定する，いわゆる仕様設計から，構造物に要求される性能のみを規定する，いわゆる性能設計への移行を明確にしたこと，また，要求性能を満たしているかの照査では，確率論を基本とした信頼性設計の考え方を全面的に取り入れたことを挙げることができます．一方，米国の動きとしてはカリフォルニア構造技術者協会が 1995 年に発表した「Vision 2000 －性能に基づいた建築物の耐震工学」において，性能規定型の設計手法がまとめられ，これが米国の統一の耐震規定として採用されています．また，ユーロコードはEU 域外にも積極的に展開し，この手法をそのまま受け入れる国，自国の規準をユーロコードに準拠させる国など，国によって違いはあるものの，性能規定，これを照査する信頼性設計への道筋はほぼ固まったといえます．

　わが国の動きとしては，国土交通省が 2000 年に「土木・建築にかかる設計の基本」において，統一規格として性能規定型の設計手法の基本的な考え方を策定しました．これに準拠する形で，土木，建築施設，その他の施設についても設計手法の方向転換が行われるはずでしたが，進んでいる分野もあれば，従来の仕様

設計の域を脱しえない分野もあり，残念ながら足並みはそろっていません．

7.3 信頼性設計と地震リスク診断

　耐震設計における性能規定は，構造物に求められる性能とリンクする限界状態を定めます．具体的には，修復限界，終局限界などです．修復限界は軽微な被害に相当し，若干の修理を行えば継続的に使用できる状態を意味します．終局限界は大破被害に相当し，被害はあっても人命には影響しない程度の状態を意味します．そして，各限界状態を超える可能性を確率で表現し，この確率にしきい値を設け，要求性能が満たされているかの照査を行うわけです．この照査方法が信頼性設計法です．限界状態を超える確率は，本書の図3.7で紹介した二山モデルが，基本モデルとして使われています．信頼性設計は，軽微や大破などの被害が起きる可能性を直接照査するわけですから，構造物の種類や特性に関わりなく統一的な安全照査ができるようになります．また，考え方はいたってシンプルであり，確率を尺度として用いていることから，その意味がわかりやすく，安全確保のプロセスの透明化や意思統一に役立ちます．

　3章で紹介した地震リスク診断は，今次の信頼性設計への流れを念頭に置きつつ，その技術をいち早く取り入れ，これをベースにリスク定量化手法として整備したものです．そして，地震リスク診断を防災対策の意思決定問題に発展させたのが地震リスクマネジメントになります．信頼性設計が分野を超えて定着し，技術面でのさらなる高度化が進めば，設計実務の中に地震リスク診断を取り入れることも可能になるでしょう．これにより，設計技術者と施工主は，リスク情報をベースに安全性に関する建設的な議論ができるようになり，協力して目標性能を定めることができるようになるでしょう．また，性能が満たされているかを施工主が自ら確認することができ，その結果，安全確保のプロセスに非専門家の意思が自然に反映されるようになります．

7.4 地震リスクをもち寄る情報プラットフォーム

　先ほど紹介した，工場で造られた製品を港から出荷するまでの過程をもう一度

7.4 地震リスクをもち寄る情報プラットフォーム

思い起こしてください．工場施設や道路，さらに港湾施設に至るまで，すべての施設が操業停止に至る被災原因になりますが，これら施設の管理主体は，民間企業，自治体，国などそれぞれ異なっています．このため，被災原因となる施設の安全性を横並びで比較できる状況にありません．施設の安全性に関する情報を出し合い，互いに見比べる場が必要になります．

そこで，事業所や工場，物流拠点やデータセンター，さらに鉄道や道路，港湾や空港施設などのインフラ，電力や情報通信システムなど，民間施設から社会基盤施設に至るまで，それぞれの組織，立場で，大地震が発生した際に予想される被害や事業停止期間，あるいは復旧曲線を推計し，互いに共有してはどうでしょうか．つまり，地震リスク診断で得られた情報を共有するためのプラットフォームを作るわけです．イメージを図7.1に示します．情報プラットフォームには，さまざまな事業者や施設管理者から地震リスク診断情報が提供され，データベースとしてストックされます．事業者は必要に応じて，ライフライン，道路や港湾，他社の情報を見ることができます．

たとえば，ある工場がシナリオ地震による事業停止期間を7日と推計したとします．そして，情報プラットフォームから，電力は3日程度で復旧，上水は7日程度で復旧する，という情報を得たとします．この時点で，電力と上水の供給は，事業停止に支障をきたさないことが確認できたわけですが，さらに調べると材料を供給している外注の工場は10日間，さらに港の復旧には20日間かかることが

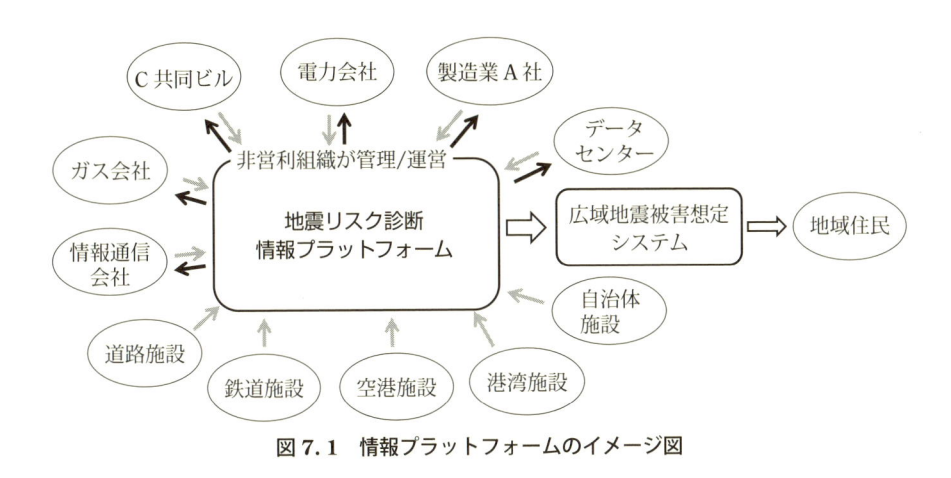

図 7.1 情報プラットフォームのイメージ図

わかったとします．この情報から，工場は独自に耐震化を進めても，外部要因によって最大で20日程度操業できないことになります．プラットフォームを情報共有の場とすれば，工場は材料を供給している外注の工場に対し，在庫を多くもってもらうよう，かけあうことができるでしょう．また，ほかの港で出荷できる体制を整えておくこともできるでしょう．

情報プラットフォームが有効に活用されれば，企業は原料や製品などの代替輸送経路の検討，代替の港の確保，原料や中間品の発注先の地域分散，必要なストック量などをあらかじめ準備しておくことができます．また，自家発電を含めた電力確保の仕組みや，情報通信機能の多重化など，さまざまな備えを計画しておくこともできます．

また，図7.1に示すように，広域地震被害想定システムと連携することで，住民にはより精緻で，よりきめ細かな被害想定情報を提供することができるようになります．

情報プラットフォームを土台にして，共有情報を議論できる開かれた場をもつことで，互いの依存度や影響範囲を再認識することができます．さらに耐震性に関する過不足を指摘し合うこともできます．広域災害から経済を守るには，事業所や企業，国や自治体が個別に防災対策を検討するのではなく，互いの地震リスクをもち寄り，協同して地域あるいは国全体としての防災・減災対策を議論することが必要になります．

物流や情報通信，エネルギーシステムなど，仕組み総体としての安全性を評価するとともに，問題となる箇所を探り出し，そこを改善するといった安全管理の構造改革が必要です．つまり「木を見て森を見るのではなく，森を見てから木を見る」という発想に変えなければなりません．そのためには，細分化された分野の壁を取り払い，一定の秩序の下で，安全確保の仕組みを統一的に定める必要があります．情報プラットフォームは，その機会を与えることができます．

7.5 地震リスク診断のすすめ

企業の防災担当の方と地震対策に関する意見交換をする機会がよくあります．そんなとき，「国や自治体が何らかの方向性や方針を出すのを待っている」といっ

た話を聞くことがあります．その真意として，耐震化に関する補助金や税制措置，何らかのペナルティーなど，防災対策を実施する企業に直接的な利害を与えるような政策的問題があります．直接的な利害が伴うわけですから，「方向性や方針を待つ」という姿勢に間違いはありません．

　一方で，直接的な利害云々の問題ではなく，地震防災に関わる情報や対策を進めるきっかけを欲している企業も少なからずあります．地震防災に関わる情報については，まず，東日本大震災以降，変わる可能性のある地震危険度や備えるべき津波高さなどの外生的なハザードに関する問題があります．また，参考にすべき，被災事例や効果的な対策事例などの情報が集約され，公開されるのを待っているケースもあります．対策を進めるきっかけを待っている企業ですが，これは，同業他社の動向や監督官庁の方針を追い風にして，社内の意見統一を図ったうえで，防災対策に取り組もうとするものです．このような企業は，どちらかというと保守的な傾向が強いようです．アンケートをとったわけではないのではっきりとはいえませんが，国や自治体からの具体的な方針を待つ企業もありますが，多くは，対策を進めるきっかけや機運の盛り上がりなどを待っているのが実態ではないかと考えます．

　広域災害から経済を守るには，企業はその規模や業態に関わりなく，経済を支える一員として，経済システムのボトルネックとならないために，一定の防災性能をもたなければなりません．そのための動機付けとして，国あるいは自治体は，企業が向かうべき方向性として，地震リスク診断を奨励してはどうかと考えています．また，外注業者を多く抱え，裾野の広い産業の頂点に立つ企業が，関連企業に対し地震リスク診断を奨励することも一計と考えます．

　地震リスク診断を実施することで，企業は地震に伴うわが身の状況を客観的に把握することができます．そして，地震の怖さを正しく理解するとともに，防災対策の必要性を実感することができます．たとえば，健康診断を実施し，何らかの疾患が見つかった場合，そのまま放置する人はほとんどいません．同じように，地震リスク診断で致命的な被害の種が見つかった場合，放置する企業はいないはずです．地震リスク診断は，防災対策を進める強力な原動力になります．

　一方，地震リスク診断により，わが身の状況を把握できたとしても，それが重大な意味をもつものなのか，あるいは他企業と比較して劣るのかそうでないのか，

つまり対策の動機付けとして，比較対象が必要なケースもあります．また，ライフラインの途絶や物流障害などの外部要因によって事業停止を余儀なくされる事実もあります．そこで，前節で説明したように，地震リスク診断情報をもち寄る情報プラットフォームが必要になるわけです．

7.6　インフラ施設の耐震化の財源

　地震の発生周期は非常に長く，その間隔は世代をはるかに超えてしまいます．たとえば，マグニチュード8クラスの東海地震は約120年に1度程度といわれています．120年という長期間をいわれても，実生活の中でははっきりとした行動をとれるような時間ではありません．このため，今年は起きない，来年も起きないと願いつつ，判断を先送りしていくようになります．しかし，いつかは必ず起きることになるわけですから，将来世代のだれかが大地震と遭遇し，現世代が先送りしてきた付けを負うことになります．つまり，自分の子供や孫の世代が付けを払うことになります．それならば，現世代のみならず，将来世代の安全のためにも，今を生きる私たちが行動してはどうでしょうか．

　一方，対策を具体的に進めるとなると，相応の財源が必要になります．この財源を起債によってまかなうことを考えてみましょう．

　道路や港湾，空港といった社会基盤施設は，それを建設した現世代のみならず，将来世代もその恩恵（便益）を享受することができます．このため，恩恵を受ける将来世代も応分の債務を負うべきであるとの考えに基づき，長期の返済を前提とした公債，いわゆる地方債，国債（ここでは建設国債の意味）が発行されるわけです．防災対策は，世代を超えて安全を確保するためのものですから，防災対策の財源を起債によってまかなうことは，公債発行の考え方に矛盾なく合致します．しかし，防災対策の効果は，地震が起きたときにしかその恩恵を実感できないわけですから，地震が起きるまでは，無駄な出費，余計な負債などと責められることは，ないとはいえません．しかし，将来世代は安心という無形の資産を日々享受することができます．この日々の安心は，活力ある経済や生活を支える基盤となるものです．

　起債を原資とした防災投資は，将来世代に応分の負担を強いることになります．

このため，防災対策の方針，目標を明確にしたうえで，費用効率の高い，無駄のない対策を計画しなければなりません．また，判断に至ったプロセスを将来世代を含めた国民にわかりやすく説明しなければなりません．このようなとき，地震リスク診断や地震リスクマネジメントの考え方や手法は有効に活用されるものと思います．

7.7 広域災害からビジネスを守る

家や家族を失うような災害を前にして，個人は無力で弱い存在です．また，被った損害は個人の金銭的能力，精神的な余裕をはるかに超えたものであり，特に精神的な打撃や悲壮感は，復興を遅らせるとともに地域社会に暗い影を残します．

災害に見舞われた人々に必要なのは，自力復興の動機付けと経済的な安定です．そのためには，地域経済の早期の復旧・復興が大変重要になります．そこで，広域災害からビジネスを守る施策として，本章では，① 企業の地震リスク診断を奨励する，② 診断情報をもち寄る情報プラットフォームを造る，③ 社会基盤施設の地震リスク診断を実施し，無駄のない効率的な強靱化を実現する，この3つを提案しました．これらは，国や地方行政が音頭をとって進めるべきものと考えますが，①，②については，外注業者を多く抱え，裾野の広い産業の頂点に立つ企業が，地震リスク診断を奨励してもよいと思います．

物流を取り上げ，情報プラットフォームの効果を再考してみましょう．プラットフォームをベースに，物流システムの実状や地震による弱点を共有することで，これまで見えてこなかったサプライチェーンの全体像があきらかになります．あわせて，課題や弱点が浮き彫りにされます．そして，官民が協同して事に当たることで，サプライチェーンの弱点が改善され，経済活動の維持，早期再開が実現します．経済活動が再開されれば，必然的に雇用が確保されます．これにより物理的な復興や活力ある経済の再生のみならず，自力復興という精神面での力強さを早い段階で鼓舞することができます．一方，平時においては，情報プラットフォームを介して，官と民，民と民のリスクコミュニケーションが促進し，災害に対する連帯意識や協同することの重要性を確認することができるようになります．

7.8 今，必要な技術者の意識改革

　日本人の多くは，安全に絶対を求めたり，安全を過信したり，あるいは「私だけは大丈夫」など，リスクゼロを期待する傾向が強いようです．リスクマネジメントは，リスクゼロを目指すものの，実体は目指す過程にあります．このため，リスクゼロを期待する限り，リスクマネジメントはなじみにくい環境にあるといえます．この点について，わが国の文化的，民族的背景を指摘する研究者もいますが，根源的理由はともあれ，リスクゼロを目指すことに価値を見出し，絶対安全を主張してきた技術者にも責任の一端があると考えます．技術者は，リスクゼロを意識しつつも，そこに到達できない事実を謙虚に受け止め，発信していかなければなりません．

　そのためには，これまで常識としてきた考え方を少し変えていく必要があります．それは，根拠となるデータの妥当性よりその信頼度を優先する，確定的な評価結果より誤差を含めた予測の幅を重視する，などです．このことは，現象のメカニズムを解明したり，現象を再現できる解析モデルの開発，検証などに注力してきた技術者や研究者には，なかなか難しい対応になるでしょう．幅をもつことに，曖昧さや不正確さを重ねる技術者が多いからです．しかし，本書の冒頭にも書きましたが，どのような問題でも，将来を完全に予測することはできず，そこには必ずグレーゾーンが存在します．技術者は，このグレーゾーンを「曖昧，不正確」と捉えるのではなく，これを計量する努力に価値を見出すように変わっていかなければなりません．曖昧だからといって，必要な物づくりを止めることはできません．また，不正確だからといって，今ある施設を使わないわけにはいかないからです．

　一方，耐震設計や耐震診断などの方法は，技術者が分析，判断するうえで都合がよいように造られてきました．非専門家に説明する必要性も機会もなかったからです．これは，「耐震基準を満たしていればよい」という考え方が，長い間常態化してきたことに原因があります．しかし，度重なる震災を経験し，耐震安全性に関する関心の高まりとともに，多少費用はかかっても，より高い安全レベルを望む傾向が醸成されてきました．これを一時的な変化と捉えるのではなく，安

全に対する非専門家の認識が，新たなステージに移ったのだと捉えることが大事です．これを受け，技術者は安全のレベルや耐震性能に対し，施工主や施設管理者の要望やニーズを反映できる環境を整えていかなければなりません．そのためには，高度な技術的情報であっても，非専門家が理解でき，判断できる情報を発信し，共有していく必要があります．また，技術者の都合でつくられた情報より，非専門家が理解でき，判断できる情報に価値があると認識することも必要になります．

　地震リスクマネジメントは，非専門家が判断するときに必要な情報は何か，その発信方法は何か，また情報を共有する際に大事な事柄は何か，これらを考えるうえで有効な手がかりを与えることになります．

索 引

欧 文
BCP　10, 57
BIA　60
ETA　40
Is 値　12
LCC　94
PML　14
SRM　8
SPC　106
VOF 法　34

あ 行
安全と安心　113

逸失利益　9, 50, 78
イベントツリー解析　40
イベントリスクカーブ　25

か 行
活断層地震　23

キャットボンド　28, 106
業績指標　76
緊急停止基準　110
金融対策　63, 104

結果事象型　59
原因事象型　59

工学的基盤面　19
コミットメントライン　77, 108

コンティンジェント・デット　77, 108

さ 行
再建費　65, 75, 78
最大許容停止期間　60
最適トリガーレベル　110
財物損失額　9, 41, 73
財務影響分析　10, 71
サプライチェーン　123
残余リスク　102

事業継続計画　10, 57
事業停止期間　9, 41, 50
自己資本比率　64, 76
地震対策　63
地震ハザード曲線　20
地震保険　28, 104
地震ライフサイクルコスト　94
地震リスク診断　9, 13, 37
地震ロス関数　96, 110
シナリオ地震　9, 22
集積リスク　4
純粋リスク　5
消火性能関数　103
除去損　65, 75, 78
信頼性設計　47, 117

ストレステスト　72, 82

性能設計　117

ソフト対策　63

た 行
耐震診断　12

津波ハザードマップ　31

当座比率　64, 76

は 行
ハード対策　63
背景地震　23
排反事象　43

被害関数　38
被害形態　40
被害要因　40
ビジネスインパクト分析　60
表層地盤　19

二山モデル　47, 118
復旧曲線　50, 53, 68
フラジリティカーブ　38, 45
プレート境界地震　22
分散リスク　4

ベーシスリスク　107

変動リスク　5

ボトルネック指標　52, 98

ま 行
マルチイベントモデル　9, 23

目標復旧期間　54, 60

や 行
ユーロコード　117

予想最大損失　14

ら 行
ライフサイクルコスト　94

リスクカーブ　28, 104
リスクコミュニケーション　87, 123
リスク認知のバイアス　90
リスクマップ　6
リスクリスト　25
流動比率　64, 76, 92

レジリエンシ　69

著者紹介
中村 孝明（なかむら たかあき）
1979年工学院大学建築学科卒業，1994年横浜国立大学計画建設学専攻．博士（工学）．コンサルタントを経て，1990年株式会社篠塚研究所に入社，2009年より同社取締役．東京都市大学大学院客員教授，工学院大学大学院建築学専攻非常勤講師，早稲田大学創造理工学部非常勤講師，日本大学工学部非常勤講師．専門は，信頼性工学，リスクマネジメント．

実務に役立つ
地震リスクマネジメント入門

　　　　　　　　　　　　　　　平成25年8月10日　発 行

著作者　　中 村 孝 明

発行者　　池 田 和 博

発行所　　丸善出版株式会社
　　　　〒101-0051　東京都千代田区神田神保町二丁目17番
　　　　編集：電話(03)3512-3266／FAX(03)3512-3272
　　　　営業：電話(03)3512-3256／FAX(03)3512-3270
　　　　http://pub.maruzen.co.jp/

　Ⓒ Takaaki Nakamura, 2013
　　組版印刷・有限会社 悠朋舎／製本・株式会社 松岳社
　ISBN 978-4-621-08696-4 C 3052　　　　Printed in Japan

　　JCOPY　〈(社)出版者著作権管理機構 委託出版物〉
　　本書の無断複写は著作権法上での例外を除き禁じられています．複写される場合は，そのつど事前に，(社)出版者著作権管理機構(電話03-3513-6969, FAX 03-3513-6979, e-mail：info@jcopy.or.jp)の許諾を得てください．